极富空间

新教育学如何实现深度学习

A Rich Seam: How New Pedagogies Find Deep Learning

[加] 迈克尔 · 富兰（Michael Fullan）
[美] 玛丽亚 · 兰沃希（Maria Langworthy）／著　于佳琪　黄雪锋／译

西南师范大学出版社
国家一级出版社　全国百佳图书出版单位

图书在版编目（CIP）数据

极富空间：新教育学如何实现深度学习 /（加）富兰 (Fullan,M.)，（美）兰沃希 (Langworthy,M.) 著；于佳琪，黄雪锋译．— 重庆：西南师范大学出版社，2015.12

书名原文：A Rich Seam：How New Pedagogies Find Deep Learning

ISBN 978-7-5621-7712-8

Ⅰ．①极… Ⅱ．①富… ②兰… ③于… ④黄… Ⅲ．①教学研究 Ⅳ．① G420

中国版本图书馆 CIP 数据核字 (2015) 第 301901 号

极富空间

新教育学如何实现深度学习

著　　者：[加] 迈克尔·富兰（Michael Fullan）
　　　　　[美] 玛丽亚·兰沃希（Maria Langworthy）

译　　者：于佳琪　黄雪锋

责任编辑：钟小族

封面设计：

排　　版：周　敏

出版发行：西南师范大学出版社　地址：重庆市北碚区天生路 1 号
　　　　　邮编：400715 市场营销部电话：023-68868624

经　　销：新华书店

印　　刷：重庆升光电力印务有限公司

开　　本：720mm × 1030mm　1/16　　**印　　张**：10.75　　**字　　数**：110 千字

版　　次：2018 年 5 月第 2 版　　**印　　次**：2020 年 9 月第 3 次印刷

著作权合同登记号：版贸核渝字（2015）第 314 号

书　　号：ISBN 978-7-5621-7712-8

定　　价：48.00 元

关于作者

迈克尔·富兰(Michael Fullan)

迈克尔·富兰(Michael Fullan),加拿大勋章(Order of Canada)获得者,加拿大多伦多大学安大略教育研究院的荣休教授。他曾任安大略省前省长道尔顿·麦坚迪(Dalton McGuinty)的特别教育顾问,曾在安大略省甚至世界各地致力于推进整体系统改革方案。他是“深度学习的新教育学”全球项目的合伙人。迈克尔·富兰曾获多个名誉博士学位,他的书也曾获得多项荣誉并被翻译成多种语言。最新出版的书包括:《行动的领导力》《变革领袖》《将学生带入数据》(与琳·沙拉特合著)、《职业资本:在每一个学校中变革教学》(与安迪·哈格里弗斯合著)。更多信息请访问迈克尔·富兰的网站:www.michaelfullan.ca。

玛丽亚·兰沃希(Maria Langworthy)

玛丽亚·兰沃希(Maria Langworthy)是迈克尔·富兰公司的首席研究官,她又是“创新教学研究项目”的全球总监,还担任“深度学习的新教育学之新测量”项目的总监。她的研究集中在教育的未来发展和如何使研究和测量成为积极变革的杠杆。她是微软“学习中的伙伴”项目(该项目正在115个国家实施)的顾问,并为皮尔森基金会的多个国家项目担任顾问。之前,玛丽亚在微软负责沟通、企业形象、公民和政策方面的研究。在这些领域,她曾带领一个团队在40个国家进行研究工作。她曾在波士顿大学获得社会学的博士学位。

关于 ISTE

“教育中的科技国际组织”（The International Society for Technology in Edulation，简称 ISTE）是一个最早的会员制协会，它的会员是那些致力于帮助在这个互联网世界里互相关联着的学习者们。它是 ISTE 大会和博览会的举办机构，也是 ISTE 学习、教学和领导标准的建立者。 它在全球有十万会员。 ISTE 为其会员提供专业学习和建立人际网络的机会；同时它又倡导和提供教育科技资源以期促进教育的变革。 更多信息请见 www.iste.org。

关于 MaRs

多伦多的 MaRs 探索区（MaRs Discovery District）是世界上最大的城市创新中心之一。 它孕育着高影响度的创新，帮助创新者们拉动加拿大社会和经济的繁荣。 它支持媒体和科技、清洁能源和生命科学领域的企业家们，为他们提供咨询服务、教育、市场研究，并帮助他们跟人才、顾客和资金链接。 其全球领先的“教育科技群”与超过 175 个创新项目合作，这些合作涵盖了教育行业的主要组成部分，包括教育学、课程、教学内容、商业模式和科技。

关于皮尔森(Pearson)

皮尔森（Pearson）是世界领先的学习公司。我们的教育业务包括了已有150年历史的出版业和最新的学习科技和网上支持。我们为全球的所有年龄段的学习者服务。我们的45000名员工遍布70多个国家，他们帮助学习者，不论学习者学习什么，什么时候学习，以什么方式学习。不论学习者是在英国设计资格证书，还是在美国支持大学，还是在中东培训学校领导人，或者在中国帮助学生学习英语，我们旨在帮助他们通过学习改变生活。

关于 Nesta

Nesta是一个英国的创新基金会。我们帮助人们和组织实现梦想。我们通过提供投资和资助，通过动员研究、人际网络和技能来提供支持。我们是独立的慈善机构，我们的工作是由国家彩票（National Lottery）给予资助。

致谢（Acknowledgements）

我们要感谢约翰·海地（John Hattie）、彼得·希尔（Peter Hill）、威尔·理查德（Will Richardson）、贾尔·梅塔（Jal Mehta）和布鲁斯·迪克森（Bruce Dixon），因为他们为了推进本书的发展，提供极有价值和深思熟虑的反馈。我们要感谢我们的团队，他们支持并投入到全世界的系统变革中：埃莉诺·亚当（Eleanor Adam）、克劳迪娅·卡特莱斯（Claudia Cuttress）、乔安妮·奎因（Joanne Quinn）、琳·沙拉特（Lyn Sharratt）和圣地亚哥·里一肯·贾拉多（Santiago Rincón Gallardo）。对于那些在“深度学习的新教育学”项目学校和组织中的同事们，我们要感谢你们的真实故事、持久的热情和不懈的合作。我们深深地感激迈克尔·巴伯爵士（Sir Michael Barber）和他的团队：他们给了我们出版这本书的机会，并且他们在整个过程中都提供了反馈意见和支持。

最后，我们想将最真诚的感谢致于那些为我们付出了时间，跟我们分享了他们的想法、经历和故事的教师、学生和学校（请见下页列表），是你们真正地创造了这个深度学习的经历。

被采访的“新教育学和深度学习”实践者名单

学生

Catherine Vlasov， 加拿大，多伦多

来自 Bellevue 国际学校的学生，美国，华盛顿州

来自 WG Davis 高中、Park Manor 高中和 Central Peel 高中的学生，加拿大，安大略省

教师

Liz Anderson， 加拿大，安大略省

Ovidio Barcelo Hernandez， 西班牙，瓦伦西亚

Kelli Etheredge， 美国，阿拉巴马州

Dianne Fitzpatrick， 加拿大，安大略省

Josh Fullan， 加拿大，安大略省

Mette Hauch， 丹麦，哥本哈根

Rhonda Hergott， 加拿大，安大略省

Kristin Leong， 美国，华盛顿州

Neil Lyons， 加拿大，安大略省

Kate Murray， 爱尔兰共和国，科隆塔斯科特

Pauline Roberts， 美国，密歇根州

学校、学区和地区的教育领导人

Dan Buckley， 副校长， Saltash.net 社区学校，英格兰，康沃尔

James Bond， 校长，Park Manor， 加拿大，安大略省

Jan Courtin，督学，皮尔学区，加拿大，安大略省

Lawrence De Maeyer，校长，Central Peel 高中

Max Drummy，专业学习领袖，教育部，澳大利亚，塔斯马尼亚

Luis Fernandes，总监，Freixo 学校集团，葡萄牙

Amanda Henning，助理校长，Dallas Brooks 社区小学，澳大利亚，维多利亚

Katie Hinton，首席学术官，Learning One to One Foundation，美国，佛罗里达州，迈阿密

Valerie Karaitiana，校长，Dallas Brooks 社区小学，澳大利亚，维多利亚

Mark Keating，首席信息官，皮尔学区，加拿大，安大略省

Tan Chen Kee，校长，Crescent 女子学校，新加坡

Hazel Mason，督学，皮尔学区，加拿大，安大略省

Andreas Meyer，校长，WG Davis，加拿大，安大略省

Scott Moreash，助理总监，皮尔学区，加拿大，安大略省

Shaun Moynihan，课程教学督学，皮尔学区，加拿大，安大略省

Tony Pontes，总监，皮尔学区，加拿大，安大略省

Rob Neu，督学，Federal Way 学区，美国，华盛顿州

Paul Reville，前教育部长，美国，马萨诸塞州

Jennifer Rose，校长，Bellevue 国际学校，美国，华盛顿州

Larry Rosenstock，总执行官，High Tech High 网络，美国，加利福尼亚州

Erika Twani，总执行官，Learning One to One Foundation，哥伦比亚和美国

教育专家

James Bernard，微软教育，全球

Greg Butler，Collaborative Impact，美国，华盛顿州，西雅图

David Langridge，微软教育，英国

Kirsti Lonka，教授，副校长，芬兰赫尔辛基大学

David Martin，学校项目总监，英国文化协会（British Council），英国伦敦

Bob Wise，前州长，美国，西弗吉尼亚州

前 言

迈克尔·巴伯爵士(Sir Michael Barber)

数字革命正在改变着我们的工作方式、我们的组织以及我们的日常生活。无人驾驶汽车在美国三个州里已经成为合法。肯尼亚三分之一的支付是通过手机完成的。可穿戴电脑意味着你的夹克将能够监测心率（如果你允许的话）。我见过一个 3D 打印出来的小提琴，能演奏美妙的音乐。

在发达国家，这种变革已经在每家每户悄然发生，而在发展中国家里也是日益增长。儿童和青少年的活动方式也是如此，他们彼此之间交流和学习的方式也在发生改变。但是，到目前为止，这种变革还没有影响到大多数学校中教室里的教育方式。

对学习者在运用了科技之后的成效加以研究，结果是令人失望的。然而，科技的变革让我们不能放弃在教室里运用新技术。我们也不能回归传统的教学：老师在教室前传授知识，学生们在下面静静地聆听。罗莎琳德·皮卡特（Rosalind Picard）和她的同事在麻省理工学院（简称 MIT）传媒实验室中对大脑活动的研究表明，听报告时学生的大脑几乎是处于非活动状态，甚至活跃水平比他们睡觉的时候还低。听报告意味着大脑的“死亡”（flatlining），就像哈佛大学物理系教授埃里克·梅热（Eric Mazur）说的那样，学生“在听报告的时候比在床上的时候更接近睡眠状态”。

因此，我们需要一种新的教育学。

此外，还有一个原因。在 20 世纪，我们希望学校的教育制度为我们选拔人才：有能力去读大学的人，能够从事科研工作的人，还有那些接受较少教育去从事低技术和非技术工作的人。

在21世纪我们发现这不够好——在道德层面、社会层面以及经济层面上皆如此。机器从事低技术和非技术工作要优于工人。我们理应庆祝这一现象，但是我们也看到因为这种转型，全球上百万人都失去了工作，尤其是年轻人。只有那些接受过良好教育的人才能在未来的世界中生存。我们希望每个从学校毕业的年轻人都为大学、为事业、为成为一个好公民做好准备。请注意是每一个人。

与此同时，全球化给教育带来的巨大潜在好处是教育系统具有了更大的能力和倾向性去互相学习，而且这种学习可以发生在教育系统的各个层面：从学校到教育部。由此引发的其中一个结果是：我们将会在世界不同的地方看到新的教学方法涌现。另外，老师和教育系统的领导者们，将快速地与他们身处全球各地的同行互相学习。

如果我们能够创造一个新的教学方法来应对新的挑战，并借助全球化将它传播到全世界，那么我们将会看到教学成果的快速提升，而不是维持像过去几十年那样令人泄气的低增长。此外，我们将会看到教学成果不仅仅局限于读写和数学上（虽然它们很重要），更广泛的成果将会体现在问题解决、合作、创造力、思维等多方面，还体现为有能力建立有效的关系和团队。

在皮尔森集团（Pearson），我们委托教育界的领军者们去创作一系列论文，旨在帮助全球的教育者理解这个时代的巨大教育挑战并对此做出贡献。

这部由迈克尔·富兰（Michael Fullan）和玛丽亚·兰沃希（Maria Langworthy）撰写的图书是这一系列中的第一部。它强调的新教育学，是未来教育发展的核心。两位作者展示了以学生和教师合作学习关系为基础的新教学方法，这种关系能够同时激发学生和老师的内在积极性。教学方法上的新发展令人着迷，它们传播得很快，学校领导的重视也能够使它们的发展更深入。至关重要的是，这种新的方法以“现实世界”的行动和问题解决为导向，依靠数字技术的创新加速它的发展。以上这些因素汇聚在一起，便产生了深度学习任务及其成果。

当然，富兰和兰沃希所描述的新教育学很多并不是全新的。他们的观点其实是建立在皮亚杰（Piaget）、维果茨基（Vygotsky）和其他重要学者的传统理论之上。那么，我们是否可以接受富兰和兰沃希所谓的新教育学呢？

我认为是可以接受的。我之所以这样说是基于以下两个原因。

第一个原因是，他们所描述的是在教育前线正在涌现的新教学法，不是在实验室和大学里，而是在丹麦、加拿大、英国、澳大利亚、哥伦比亚和加利福尼亚的教室中。他们说，这种方法的发展是因为学生对旧方法感到厌倦和沮丧，同时教师们也感到职业上的迷茫。他们想说明的是：教育系统可以利用这种新的教育学，并广泛地普及它，但并不能控制它。

第二个原因是，科技在这些教学情景中的使用使它终于开始实现将教育与学习方式转型的潜力。这篇报告基于富兰的一本重要的著作《极度空间》（*Stratosphere*）。在这本书中他认为，只有当教育系统把变革知识、教学法和科技整合的时候，科技才能对教学结果产生巨大的改变。这本书也基于富兰和我的另一名同事凯特琳·唐纳利（Katelyn Donnelly）写的一本书《在沼泽中生存》（*Alive in the Swamp*）。在那本书中，他们运用《极度空间》（*Stratosphere*）中提到的三元关系，展示了教育者在学校和制度层面应该如何成功整合变革知识、教育学以及科技来提升教学成果。简而言之，我们最终能够应用科技来变革学习者的成效。

就像富兰和兰沃希所说的，如果他们的建议可以得到实施，那么它在学校和制度层面，对课程、评估、教与学，以及学校系统的未来策略和组织构建上都有重大意义。比如说，他们令人信服地指出，新制度能够在同样的成本下让学习成效翻倍，这对于全球范围内吃紧的公共财政来说是一个很好的契机。

他们并没有为所有问题提供解决方案，但是我相信他们的论证令人信服，因为他们开始更好地定义新教学法，展示了新方法在学校和教室里如何得以实施，并探索了这些新教学法的影响。

我相信本书和该系列里的其他书都能够提供提升这场重要的讨论——关于我们能够做些什么，以及怎样快速达到让地球上的每个学生都能够获得在21世纪生存下去所需要的教育。

我希望通过阅读此篇和随后的图书，读者也能够参与到关于怎样提升学习者成效的辩论、评论，甚至批评和提供实用建议的交流中来。这样，我们才能通过合作更深入也更快速地学习到如何在全世界范围内变革现有的教育方式的方法。

目 录

概　述

这个研究报告描述了三个新兴力量，它们汇集在一起能够给学习带来新发展的可能性。第一个力量——“新教学法”（new pedagogies），从学生和老师之间的新型学习关系中发源，借助于数字工具和数字资源的普遍使用。第二个力量——“新型变革领导力”（new change leadership），整合从上到下、从下往上及周边的资源去推进一种比以往更快、更便捷的变革。第三个力量——“新系统经济”（new system economics），使强大的学习工具和学习资源在价格上能够让每一个人所接受。这些力量都还处在初始阶段，但它们发展很快，在适当的条件下这种趋势是不可阻挡的。

这些变革是我们迫切需要的。这一代的年轻人在面临着令人生畏的挑战：失业率一直处于高点。太多的学生觉得学校教育既无趣又无关紧要，他们并不认为受教育是通往好工作和好生活的必经之路。基于这些考虑，我们要扩大教育上的创新来应对这些挑战，从而发起在制度上更广泛并具有历史性意义的变革。这本书就描述了这样一种内涵丰富的见解与愿景：关于教育制度如何开始改变，并致力于展示深度学习的新教学法如何在教室里、学校里和教育系统里应用。

"新教学法要求学生去创造新知识，并能够利用数字工具的力量将新知识与现实世界相连。"

新教学法并不仅仅是各种教学策略。它们是教与学的强大模型，它们借助不断普及的数字工具和数字资源，根植于教育系统中评价与支持深度学习的各个层面的学习环境之中。我们这样描述"深度学习"(deep learning)：它强化了年轻人生存所需要的学习力、创造力及其他能力。基于人类特有的探究力、创造力和目的性，新教学法激发了学生和老师在新型学习伙伴关系中的活力与激情，这种新型学习关系为所有人探明、激活，并孕育了深度学习的潜能。深度学习更符合人类的本性，因为它与我们的核心动机有着更直接的关系：更直接、更深入地投入到学习中；去做那些实实在在能够改变生活、改变世界的事情。在一些优秀的案例中我们可以看到，学生和老师作为一个团队，把学习的过程变成深入解决现实生活中的实际问题。

一个新的现象是这种趋势越来越多地在普通学校里出现。现在，学校不需要额外的资源就能去创新，他们只要跟随并机智地培养已经出现的趋势即可。数字资源不断地把教与学从制订课程内容的限制中解放出来。这些力量催生着师生关系的变化、教师之间关系的变化以及组织系统的变化。就像我们在例子中所说的那样，当这些因素被有效地应用时，它们能够显著地提高教学成果。同样地，我们的例子也显示教育系统的财政支出已经有能力覆盖数字资源的使用成本。教育上的事半功倍不再是遥不可及的事了。

然而，实现深度学习的成果并不是那么容易的。新教学法需要专业教学能力才能变得有效。核心的发展方向是让学生和老师都成为优秀的终身学习者，不论是自学还是团队学习。在这本书中，我们定义了高效和低效的新教学法的特点，也描述了学生作为一个平等的学习伙伴所充当的角色。在老师帮助学生一起学习的过程中，帮助学生掌握学习过程，让学习过程更具透明性，提升同伴教学的效果，把学习与学生的兴趣和心愿联系起来，不断分析和评估学习过程并通过分析来选择学习策略——所有这些都必须成为教师专业知识的一部分，并且要不断从同伴中学习，与学生一同学习及从学生身上学习。

当老师和学生都参与到深度学习中时，他们是在一种更个性化、更透明化的学习过程中成为学习伙伴；在这个过程中，通过完成深度学习任务，老师对学生的高度期望不断被调整并实现。核心变成了确保学生能够掌握学习的过程。在这一过程中，帮助学生认识自身、不断评估和反馈他们的进步都是至关重要的。我们所谓的新教学法，不仅需要学生去创造新知识，还要他们把新知识与世界相联系，运用数字工具去从事学校之外的工作。只有通过运用知识去“做事情”，才能让学生获得经验、自信、毅力和前瞻性，从而在以知识为基础、以技术为导向的社会中创造价值。

两个因素的共存不仅使教育制度的大范围转型变成了可能，而且使这成为不可避免的：传统学校中的“逼迫”（push）方式无法再让师生投入到学习中；新教学法中的“吸引”（pull）学习方式通过使用数字资源得到释放。令人欣喜的是，学生和教师共同驱动并维持着这些新发展。这些发展也被那些看到其发展潜力的学校领导和行政领导所扶持。新教学法的扩散是不可阻挡的，因为它把教与学和我们的生活现实联系起来了。参与到深度学习过程中的领导和那些培养合作与风险共担文化的领导，都欢迎并大力推广在学校里和教育系统中发生的新变化。但是，整体系统的变革在很多方面还面临着重大阻碍。这些阻碍主要存在于对学生的评估、对老师的评价和学校的责任制度中，这些评估指标衡量了现阶段教育的成功与否。现行教育系统中的那些因素与创新是对立的，除非我们找到新的方法去定义和衡量成功，用新的方法来评价学校采取新教学法的程度以及学生深度学习取得的成果。学生、老师、家长以及教育领导都急切地需要明白深度学习意味着什么，如何去实践它和它怎样实际地影响到年轻人的未来。

前面会有困难，但是这场变革成功的概率正在飞速增长。我们承认不能给出所有的答案。但是这本书的观点是基于与学生、教师和学校领导的讨论及观察而得出的，它反映了深度学习对于年轻人和成年人的吸引力是相同的，所以我们可以很乐观地说我们所描述的是切实发生的，而不仅仅是理论。这本书的目的在于使大家都关注正在发生的变革，并希望能够促使制度的整体变革达到深度学习的目标。

总而言之，我们所传达的信息是学生和老师能够（实际上他们已经在这样做了）通过他们今天的努力来创造未来。我们呈现了这些想法在现实中如何实现，并且提供了可供学生、家长、教育者和政策制定者所采取的策略方法。我们相信，新教学法和深度学习能更快地在更广的范围内被接受。它的前景是美好且真实的，并且现在正是开拓这个极富空间的时机。

第一章　教育的根本变革

所有其他的发展都被加速了，而学校没有；所以学校与社会开始脱节。学校和它外面世界的差距应该更小些。

——拉里·罗森斯托克(Larry Rosenstock，CEO of High Tech High Network)，圣地亚哥，加利福尼亚州

引言

“现在的过去”模型还一直主导着当今许多地方的教育。但当新的力量（新教学法、新型变革领导力、新系统经济）出现后，原有模型的作用就会减弱，而新的力量汇集到一起促使了教育的变革。这本书是关于新型关系中的几个关键点：学生、老师、技术人员、学校文化、课程和评价。这本书也描述了变革如何以及为什么比以往更加有机地发展。当条件处在微妙的平衡中时，探明一个极富空间就会帮助我们发现大量潜在的资源。

社会在教育上投入了很多的时间、金钱和资源[①]。现在一个人的受教育程度对他未来的成功而言比以前任何一个时期都重要。然而，我们主流教育机构越来越多地被描绘成陈腐过时的，早期工业化时代大规模生产的产物[②]。大量的研究，还有许多 TEDtalk[③] 都在强调重视表面书本知识的高强度考试是如何迫使学生和老师远离学校的[④]。

与此同时，数字化的体验以及对未来失业的恐惧一直都存在于

---

① OECD 2012

② Mehta 2013a

③ 详见：www.youtube.com/watch? v=tS2IPfWZQM4 和 www.youtube.com/watch? v=zDZFcDGpL4U

④ 这种失败出现在说唱歌手 Suli Breaks 的优酷视频“我不会让考试的结果决定我的命运”中：www.youtube.com/ watch? v=D-eVF_G_p-Y

学校之外的世界，这让年轻人越来越远离对他们而言无用的学习。根据美国最近的一个盖洛普（Gallup）民意调查显示，在18至35岁的群体中，有59%的人说他们在目前工作中所运用的知识都是在学校之外学到的①。在另一个测验中，5到12年级当中有43%的学生说他们希望有一天能开办自己的生意，然而只有7%的人表明他们有经验来帮助自己做到这一点②。难怪许多国家的研究表明少于40%的高中学生能够投入到学校学习中呢③。然而，当传统教育机构提供在学生眼中的无关知识时，与学生兴趣和抱负相关的学习体验正在网上盛行。正如威尔·理查森（Will Richardson）说的那样，"技术和网络带来的真正转变在于给我们提供了在全球范围内学习、参与和分享知识的自由，这种自由是十年前不存在的"。这就是新教学法能够快速传播的背景环境。在这样的条件下，大范围的变革变得更容易且不可避免。

我们这本书的目的是清晰地描述一个新的教育模型，并为其如何快速地在整个教育系统中变成现实提供见解。新教学法的教育模型提出了一个不同的基本目标，而这个目标与现在的时代更为契合。我们把新的目标称之为"深度学习"（deep learning）④。深度学习的目标是：使学生获得成为一个具有创造力的、与人关联的、参

---

① Gallup 2013a

② Gallup 2013b

③ Jenkins 2013; Willms et al 2009

④ National Research Council 2012; Hewlett Foundation 2012; ATC21s.org

与合作的终生问题解决者的能力和倾向，而且能够使其成为一个健康全面的人，创造和贡献于这个知识型的、创新且互相依存的世界①。这并不是我们的口号。就像这本书所提到的，我们在主流学校和教室中发现了很多具体可行的例子能够实现这样的目标。我们所强调的并不是深度学习的目标应该成为教育模型的核心。我们关注的是新教学法的关键因素是什么，新教学法如何有效提升深度学习和它们为什么以及怎样在一系列失败的改革举措后快速的传播。

新教育学的新在何处

新教育学可以简单地定义为：基于普遍使用的数字资源，以深度学习为目标的学生和老师的学习伙伴关系的新模式。新教育学里虽然大多数的教育方法并不是新的，但是它所达成的与学生的学习伙伴关系是全新的。许多由杜威（Dewey）、皮亚杰(Piaget)、蒙台梭利(Montessori)和维果茨基(Vygotsky)等倡导了至少一个世纪的教学方法现在正在实践中得到应用并受到推崇。以往，这些思想并没有开花结果的条件。如今，有迹象表明，变革的条件正在改变。与旧的教学方法相比，新的教学方法有更高的精确度和更透明的特指性，最重要的是有更强的学习能力。我们欣喜地看到，新教学法正在普通学校里和公共教育系统里得以运用。它们的出现，一方面

① Fullan and Langworthy 2013；Barber，Rizvi and Donnelly 2012

是基于学生和老师对传统教学方法的疏离，另一方面是由于数字资源的快速普及。我们将会看到，这些新的发展方向将对课程设置、学习设计和评估等方面产生深远的影响。

> 教学质量的基础就是教学能力——他们全部的教学技巧和与学生构建伙伴关系以帮助掌握学习过程的能力。

在传统的教学方法中，老师的好坏取决于他们在自己擅长领域内传授专业知识的能力。教学能力是次要的，并且它的发展在不同国家和文化中大不相同。在大部分地区，“教学策略”基本上就是指直接传授。在近几十年，科技被叠加在知识传授的方法之上，主要被用来帮助学生掌握必修课程的内容。

与之相对比的是，在新教学方法的模型中，教师的好坏取决于教师的教学能力——教师全部的教学技巧和与学生在构建伙伴关系中掌握学习过程的能力。在新的模型中，科技是普遍存在的，我们要运用科技去发现和掌握知识，去达成在实际中创造和运用新知识的深度学习目标。见图1－1，新教学方法的不同之处。

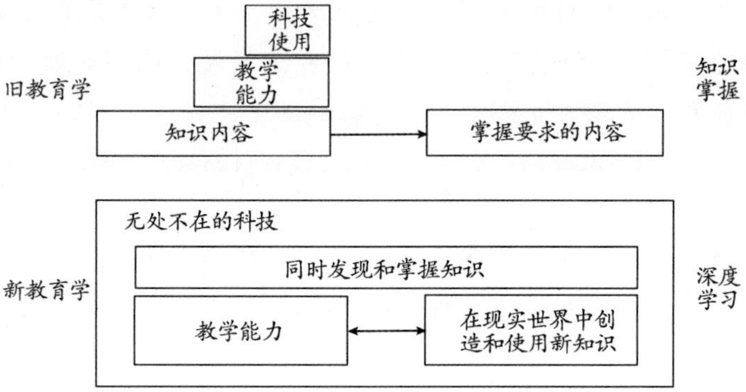

图 1—1　新教学方法的不同之处

> “这些因素汇聚起来为深度学习的普遍传播创造了条件。”

上图展示了新教学方法和深度学习与传统教育模型的区别。第一，新的模型是为了达成在实际中创造和运用新知识的深度学习目标。第二，在新型学习关系中，学生和老师的学习过程变成了共同发现、创造、运用知识的过程。第三，普遍存在的数字资源（不只局限于学校里的）是该模型的基础。数字时代改变了教育的基础。它改变了教师作为主要知识来源的传统角色；它允许学生在现实世界里更快速、更容易地去发现、创造和运用知识。过去，大部分教育者所谓的“运用知识”就是把掌握的概念运用在完成任务和解决问题的过程中。但是，解决方案还仅仅局限于书本、教室和学校之中。数字资源的使用能够让学生在现实中为真实的对象提供解决方案。这是科技对教育的潜在影响，并不是让传递知识和学习知识的过程更便利，而是能够让学生在现实世界里应用知识。第四，科技在整个教育系统中的应用让这种变革变得更加彻底。

数字时代正在改变组织运行的方式。在过去的时代里，传统的模式是有层级的、自上而下的管理和大量标准化的工业生产。这个模式也影响到学校的组织，使其更像生产小型标准化人类“产品”的工厂①。如今，我们的经济在转型，新的模式是学习和革新，是企业家精神，是创造力和全球合作。这些因素汇聚起来为深度学习的普遍传播创造了条件。

过去和未来的工作

本书描述的新教学法是我们与国际学者组成的团队研究成果的一部分，我们合作的目的是：（1）更清楚地说明现实中的“深度学习”是什么；（2）完善理论，说明怎样应用这种学习方法是最有效的；（3）在更广范围内的普通公立学校中进行这项研究。简而言之，我们不但定义了新教学方法，而且要从不断涌现出的案例中学习并推广它。本书也参考了迈克尔·富兰（Michael Fullan）及其同事对于整体改革的最有效推动力的一些研究（即有效教学法与集体

① Mehta 2013a

能力建设系统）[①]；随后，对基于学习模式创新的教学成效产生巨大改进的潜力进行了阐述[②]；最后，提出了一个可以评估教育科技影响的模型[③]。

迈克尔·富兰在《极度空间》（*Stratosphere*）这本书中指出，在过去的40年里，有三种力量，它们互相需要但又独立发展：科技，尤其是指教师运用它来教学，学生也运用它来学习的那部分科技；教学法，尤其是指自20世纪90年代以来的发展告诉人们如何来学习的教学法；[④]变革知识，尤其是自1970年以来变革的实施成为人们关注的焦点，并逐渐发展为整个教育系统的变革以来的变革知识，如图1—2。

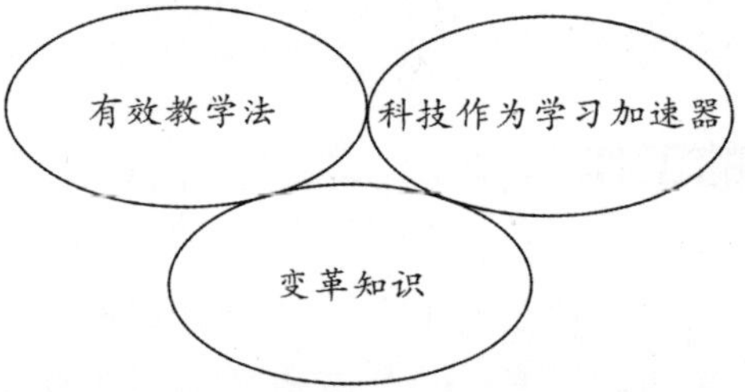

图1—2　引导极度空间的三大力量

《极度空间》（*Stratosphere*）的观点是三种力量应结合起来去促

---

① Fullan 2010；Fullan 2011

② Fullan 2013b

③ Fullan and Donnelly 2013

④ Bransford et al 2000.org

使教育变革。它认为，如果教学方法是基础，科技可以看作深度学习的助手或工具，那么我们就能够达到更好的学习效果；如果我们运用变革知识让更多人共同去工作，那么我们就能在整个教育系统达到最终的目标。最终的目标是，通过让更多人运用新教学法和科技进行深度学习来改变整个教育系统。当然，在这一过程中，政策制定者和公众会考虑其合理性，以信其与教育成果的关联性。《极度空间》说明了教育系统具备巨大的提升潜力，但是它并没有说明如何能实现这一目标。

与此同时，真正的创新爆炸正杂乱无章地进入教育领域①。没有现成的指南能够说明科技对教育的影响将会怎样。所以迈克尔·富兰与凯特琳·唐纳利（Katelyn Donnelly）通过以下三个维度的参数来评估数字革新的潜力：(1) 教学方法，(2) 实施/系统变革，(3) 科技。我们以《在沼泽中生存》(*Alive in the Swamp*) 来命名那个研究报告，因为对于教育来说，数字革新就像一个沼泽：神秘而朦胧，但是生机勃勃且壮大迅速。这个标准提供了三个维度的指标，并能够评估一系列的数字革新。显而易见的是，在大多数革新中，教学方法和实施/系统变革这两个维度是偏弱的。科技企业家更愿意去进行数字变革，而不是关注教学方法或支持系统革新。迈克尔和凯特琳正在进一步研究以这三个维度来分析革新的方法。

最后，在“实现深度学习的新教育学全球合作项目”(New Pedagogies for Deep Learning global partnership)，我们写了白皮书《走

① Fullan and Donnelly 2013

向新目标：实现深度学习的新教学法》(*Towards a New End*：*New Pedagogies for Deep Learning*)[①]。它是为了在十个国家中构建教育系统的合作关系，从而在中小学实现深度学习的目标。这个项目主要研究在新教学方法和科技的加速下深度学习目标的实施效果。

一个清晰的愿景

上述工作的完成产生了现在这本书。很多变革正在教室里、学校里和教育系统里发生。其中一些很让人兴奋，但是我们不知道新变革是如何在整个制度范围内实现的。在学生和老师眼里，新教学方法是什么样子的呢？我们如何知道这些新角色和工作能够带来学习的成效呢？而且，它的成本是多少呢？在这本书中，我们致力于解答以上问题，发掘更高效的方法和更快的传播速度。全世界的教育者都关注着，并期待能在学校里实现深度学习。我们的目标是通过研究正在实践着的新教学方法来更准确、更清楚地回答这些问题。我们正处在颠覆性创新的最初始阶段，这代表了新的发展、尝试、失败和进一步发展。先行者在进行新的尝试，探索那些可能有价值的途径——掘金的过程往往充满不可预期的不确定性。

本书通过教师、学校和整个教育系统中已有的案例来定义新教学方法。我们在日益增加的文献，包括报告、书籍和录像中，发现了这些新发展。但我们在本书中呈现得更为详尽的理念则是来源于

① Fullan and Langworthy 2013. 详见：www.newpedagogies.org

对 12 个国家的学生、教师、学校领导、教育体系领导者和政策制定者的访谈和观察。这些人为我们提供了案例、录像、教学资料（如课程计划和评估体系）等。我们也收集和制作了录像来生动地展示新的教学方法（这些链接会在本书中陆续提及）。在这本书中，我们整合了所有的资料，解释这些研究和理论，检验新教学方法的效率，以及其与学习成果的关联性。通过对新教学方法更清楚的描述——它们怎样整合和实施来达成深度学习的目标，本书为新方法如何达到深度学习的目标提供了一个深入了解的视角。

新教育学的核心元素和它们在整个教学系统中的有效实施的结合效应会带动所有学生的深度学习。总结起来，在这个图景里有三个“新现象”（如图 1—3）：

· **新教育学**，代表了学生和老师之间的学习伙伴关系。这包括深度学习任务和对普遍存在的数字资源的运用。

· **新型变革领导力**，基于内在变革的新理论，更有组织性，在适当的条件下传播更快。

· **新系统经济**，能够在相同成本下带来更高的产出。

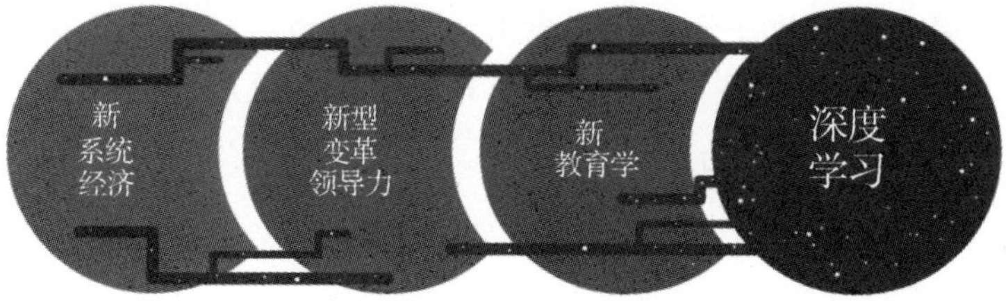

图 1—3 深度学习三种力量

新教育学

新教育学不是简单的“翻转课堂”或在线公开课程（Massive Open Online Courses，简称 MOOCs），它们仅是通过在线方式而不是通过书本或教室“传递”信息内容或已有知识。像威尔·理查森（Will Richardson）[①]说的那样，“仅仅把昂贵的工具放在传统课程之上并不能代表现代学习者的需要”。新教学法不只是“翻转课堂”或其他临时的创新，它们更加复杂：

- 明确的目标是深度学习，不仅仅是掌握现有的知识内容。这里，深度学习被定义为“在现实世界中创造和运用新知识”。科技释放了学习的可能性，让学生能够在学校外的世界中运用知识，新教学法在所有正式学习过程中运用了这一点。
- 教学从关注书本知识转换到聚焦学习过程，发展和引导学生自己学习和运用知识的能力。在深度学习中，老师是学生的伙伴，二者为了切合实际的目标而共同探索、紧密相连。
- 学习成果的评价要基于学生的三种能力：(1)构建新知识和有效引导学习的能力；(2)积极的品质和他们面对困难的毅力；(3)发展成为具备终身学习能力的公民。

---

① Richardson 2013

这些教学法有潜力激励所有学生，不仅仅是那些已经在教室里的学生和教室外积极学习的学生。这种复杂的教学法对教师的角色会提出新的要求，包括对不同教学策略的掌握和对学生在学校进程中持续地评估。在新教育学中每个人都是老师，同时也都是学习者。新教育学对学生有更多的要求和期待；它通过给予个人反馈和鼓励使学生建立自信；它的最终目标是释放——实际上是创造——学生对自己潜力的认识。归根结底，这种教育会培养一种新的学习方式，拥有更多的参与性，能更紧密地联系现实生活，更好地让年轻人为今天的生活和工作做好准备。

新型变革领导力

新型变革领导力是第六章的核心，讨论了一个“内在变革”的模型：这个模型直指人们的需求具有内在意义，能够达成对他人有价值的成果。简单来说，新教育学的传播发生在实践它们的老师、学生和领导者合作起来分享经验和热情的时候，和在他们分析教学实践给每个人带来的巨大影响的时候。新型变革领导力激发、回应和领导了一个动态的过程，包括：（1）导向性视角；（2）允许人们尝试新事物；（3）驾驭学习内容。这个过程不断产生和尝试新想法，是一个无尽循环的过程。

当新教学法得以普遍运用时，领导者立即认识到要想变革迅速传播就要分享学习的领导力。这些领导者关注如何为新教学法铺路，也关注如何创造条件推进学生和老师的想法和潜力。他们成为故事传递者，努力为学生建立学习能力播撒信心，为老师推进教学能力建设传递勇气。他们也承认错误，并倡导透明、合作的反馈机制来确保他们从失败中有收获。他们鼓励冒险，用新的方法来评价进步。他们停止做那些不能向新方向前进的事情。他们培育社会资本和领导力，不仅在其他领导人中，也在学生、老师、家长和更广泛的利益相关者中，力争让每个人都成为使用新学习方式的一分子。他们运用普遍可用的科技来保障和加速这种进步，他们自己也始终保持在学习数字策略的最前沿。他们同他们的学生和教师一起，不断地评价什么方法是有用的。这些发展是如此让人震惊，因为它们看起来正是自然而然地发生着。但实际上，在这些案例中我们会看到领导者是用一些特定的方式培育文化并构建能力。

“现有的课程标准和标准化的评估，是新教育学传播的最大阻碍，因为它们主要评价知识的复制。”

对于新教育学来说，最大的系统性挑战是它们没有与之相对应的评价方法。现在的教育系统不能评价新教学方法和深度学习的成效。教育评价对于政策制定者、领导者、教师和家长来说至关重要，不仅是因为有向公众说明的义务，更是因为当事人需要知道什么方法在达到目标时最有效。我们的访谈和现有的研究清楚地表明，现有的课程标准和标准化的评估是新教育学传播的最大阻碍。首先要对深度学习概念有更清晰的解读，然后应该有有效评价深度学习的方法，这对新教学法是否能在教育体制内得以扩散传播至关重要。这本书提供了一个起点。

十新系统经济

新教学方法的实施也需考虑经济性。如果一个教育系统不能提供与不断增长的花费所对应的成果，那么它不会长久地存在。在第七章，我们讨论了新方法的经济性，说明它在同样的投资水平下有可能产生双倍的成果。这并不是为了节约金钱，而是要认识到人们应用新教学法真的花费得更少——你存钱来投资，并不是为了劝说别人做他们不愿意做的事。更重要的是，当人们花更多的时间在目标学习上时，他们的收获是成倍增长的。有证据表明，新的学习方法在有效运用的时候能够带来学习成果的显著提高。我们概括了为达到这个目标在经济上和政策上所需要做出的调整。最后，新教学法是因为能够提供更大的价值而被采用。它们提高了学习能力和创造性的经验，告诉年轻人在现今的生活和工作中“如何去做”。

在后面的章节中，我们会更清晰、更准确地来描述学习的新模型。这种新愿景将会改变传统学校现有的教学方式，也会优化教育系统中各层面变革领导力的努力。总之，变革已经发生，但却没有被完全认可，也没有被清楚地阐述。从这个意义上讲，我们的报告可以被看成一个富含见解的空间，它帮助我们走向如何传播致力于深度学习的新教育学。

第二章　新教育学之学习伙伴

科技仅仅是一个工具。它是一个功能强大的工具，但它只是个工具而已。人类深层次的交流则非常不同，这种交流不是一种工具，不是一种为了达到目的的途径。人类的交流其本身就是目的——有意义的生活的目标和结果。

——梅琳达·盖茨（Melinda Gates），慈善家，杜克大学 2013 毕业典礼上的讲话在大多数教师的心中，教师的作用就是激发学生学习的欲望，探索他们的好奇心和创造力，充分开发人类大脑的潜力（虽然很多教师因为工作的压力而放弃了这种美好的初衷）。在我们对新加坡的谭陈凯（Tan Chen Kee）校长的访谈中，她谈道，“好教师是以学生为中心的，即学生需要学习什么。当教师们发现教学上的新方法或激发学习参与性的工具，他们就会被这些新教学方法所吸引”。这种观点在我们的访谈中被多次提及。下面所描述的新教育学的核心组成部分就是由这些教师的故事和例子中总结而来。这些核心组成部分与过去 100 年的教育理论和研究结果很相似：知识体系建设，现实问题解决能力，反馈，元认知策略的重要性[①]。

在我们研究新教育学及其如何在教学中发挥作用时，我们总结了三个核心组成部分，当它们共同起作用时，能够达到深度学习的成效：

1.学生和教师之间的**新型学习伙伴**。

2.**深度学习任务**，这个任务重建了基于知识创新和使用的学习过程。

3.**数字工具和数字资源**，这加速了深度学习的过程。

下面的图 2—1 描述了新教育学的几个因素：

① Dumont et al 2010；Bransford et al 2000

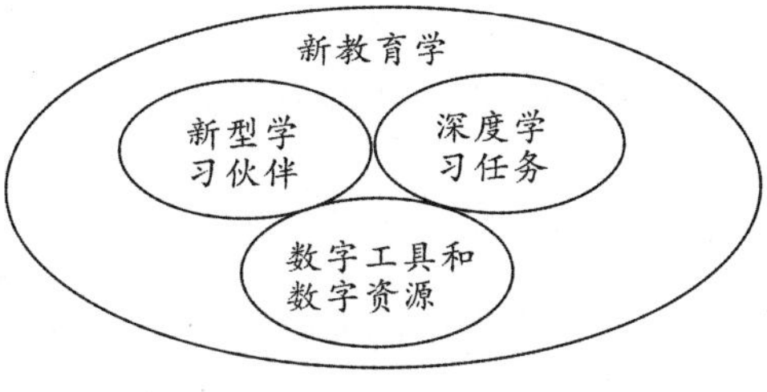

图 2—1　新教育学的核心组成部分

本章和随后的三个章节将通过两个主要问题来阐述这三个组成部分：第一，这些新方法的内容在应用中如何去发挥作用？ 第二，我们如何得知新方法对学习有积极的影响？ 这一章主要讲新型学习伙伴，第三章是关于深度学习任务，第四章是数字工具和数字资源的作用，随后的第五章检验了新教育学在学习成果上的有效影响。

新型学习伙伴

新教育学首先基于学生和教师的关系，而师生各自的角色正在改变。 在我们的访谈中，教师通常以描述当今学生的思维模式开始。 我们频繁地听到关于学生不专心的描述：“学生都不听讲了”和“现在的孩子只有 3 秒钟的注意力”。 但是，有意思的是教师如何应对学生的不专心呢?

现在的学生想积极参与到学习中去，他们想决定自己的学习路径，为他们的学习制订计划。科技工具给了他们更多与周围现实世界互动的机会，改变了他们在教室里的位置。

——波林·罗伯茨(Pauline Roberts)，美国密歇根州 5、6 年级教师

在我们的访谈中，许多教师都遇到了不想再被动接受知识的学生。现在的年轻人通过网络接触了大量的信息和想法。在此影响下，学生们对于教师用传统说教的方法来传授知识的方式持怀疑态度。而且一旦学生掌握了基础技能，他们就知道“外面”的世界有着更丰富的内容，于是对经过统一处理的、非个性化的知识毫无兴趣。但是，教师也不能就这样简单地放任自流。教师们可能会偏离方向，比如可能给学生太多的自主性、把学习目标设置得太高，或者无法评定成功等。我们发现，过于指令化或过于被动的方式都是让新教育学失效的表现。新教育学最适用的地方，也正是学习伙伴型关系在师生间、学生间出现的地方。

有效的伙伴是建立在平等、透明、互惠互利的基础之上的。当你看到新教学方法是如何在学生和教师之间发挥作用时，你会发现它们的一个共同点。这些例子生动地描述了教师成为学生学习伙伴的新型师生关系。仅仅作为促进者的教师是不合格的。我们访谈中的教师都意识到了与学生积极地共同学习的重要性，因为学生在此过程中也分享了他们自己的想法、经验和专长。

我只是他们其中的一员。我们在学习过程中一起努力，他们有我所没有的专业知识——在科技的最前沿也在各个方面，他们拥有我所

不知晓的知识，并不是学生所有的知识都来自我……

——尼尔·里昂(Neil Lyons)，加拿大 WG 戴维斯公立学校 8 年级教师[①]

在学习伙伴关系中，教师不仅成为学习者，也开始从学生的角度来看待学习。如果教师要激发学生不断去达到新目标，或者他们想要明白教学策略是否对设定的目标有帮助，这种视角是必要的[②]。

这种学习伙伴关系是新教学方法中强调有效策略的起源。和现有的师生关系相比，这种伙伴关系对教师和学生的定位都有所不同。在表 2—1 中，我们列出了学生和教师所扮演的角色，但是因为新教学方法的出现是自然而然的，所以我们的描述只能作为更深层讨论的框架，而不是结论性的定义。

---

① 详见：www.michaelfullan.ca/ontario—wg—davis/

② Hattie 2009

表 2—1　新教育学方法中教师和学生的角色

教师（教学水平）	学生（深度学习）
与学生和其他教师建立可信任的关系；寻找好的顾问	与教师和其他学生建立可信任的关系；寻找好的导师
在达成深度学习的任务中，帮助学生发现兴趣，建立学习的志向	发现自己的兴趣，对学习目标和任务充满斗志
具备创新和运用新知识的能力，能够为自己和学生提出挑战性的学习目标、任务和评定标准	能够设定学习目标、任务和评定标准，在学习过程中与其他学生结成学习伙伴
丰富教学技巧，运用不同的策略来激发学生学习	交互教学，向学习伙伴学习，并与他们共同学习
提供高质量的反馈结果和鼓励，尤其在学生面临学习挑战的时候	面对挑战时有毅力、能反思；对伙伴有高质量的反馈和鼓励
与其他教师和领导合作，研究不同学习策略对学生的影响（如运用循环探究方法）	为教师和伙伴提供自己学习的反馈结果；掌握自己的学习过程和进展情况
树立积极学习态度的榜样，创造新知识并采取行动应用新知识	培养智力和态度上的倾向去创造新知识并应用知识
不断地发现和创造数字学习工具和数字资源来： 1)发现新内容、概念、信息和观点； 2)激发学生去创造新知识； 3)与学生、其他教师和专家进行交流； 4)培养学生掌控学习进程的能力； 5)评估、分析学生学习能力、态度的信息	不断地发现和创造数字学习工具和数字资源去学习新内容、概念、信息和观点。运用这些工具创造新知识，与学习伙伴、专家进行交流，并在实际生活中运用它

在后面的文章中，我们会对这些角色进行进一步的解释说明。首先，是四个出现在新型学习伙伴关系中的因素：（1）建立关系；（2）学生志向；（3）反馈；（4）如何去学和同伴指导。如图 2—2。

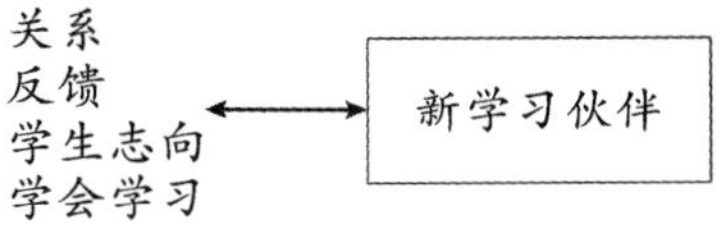

图 2—2　新型学习伙伴关系

建立关系

在研究了几十年师生关系后，密歇根州的波林·罗伯茨（Pauline Roberts）说道："重要的是，孩子们感觉到你真的关心他们。"学生（不无道理的）用这样一种方式对待教师和其他学生，如果你不愿意向我学习，那么我也不愿意向你学习。在新教学方法中，人与人之间的关系在学习过程中占据了十分重要的位置。这种关系不仅局限于课前或课后的短短几分钟。在新教学方法中，这些关系是被嵌入在学习过程之中的，包括学生和教师之间、学生和学生之间、学生和他们的家庭之间，以及学生和那些能够激发其学习兴趣和动力的社会关系之间。新教学方法利用这些关系来构建学习过程，使学习更像是一场谈话或共同努力的过程：

孩子们开始具备责任感。他们把学习的过程记录下来，把对自己的认识与自己的教师分享，并希望也能够与其他教师分享。孩子和父母们都融入学习目标设定的过程中。

——瓦莱尔·卡罗蒂娜（Valerie Karaitiana）[①]，澳大利亚维多利亚港，达拉斯布鲁克斯社区小学（Dallas Brooks Community Primary School）校长

就像我的同事威尔·理查森（Will Richardson）[②]对这些关系的理解那样，"教师必须成为孩子的学习伙伴，能够提出开放性的问题并推动学习过程来解决这些问题"。教师应该有能力掌控学习的过程。教师在伙伴关系中所扮演的角色不仅是为学生描述和解释教学内容。这种关系首先应建立在双方信任的基础上。我们访谈中一个曾辅导大量的问题青年的丹麦教师认为，信任是学习的基础：

信任是解决之道。如果他们（学生）信任你（教师），那他们就会参与到学习中。这要看（教师）是否真诚……我要教导他们就必须融入他们之中。他们需要知道我在教师这个职业之外也是与他们有着一样生活的人，这样他们才会认同你；这样你对他们来说才真实。我相信他们，我把他们带入学习过程中。

——梅特·豪驰（Mette Hauch），丹麦赫勒鲁普学校（Hellerup School）教师

---

① 详见：www.youtube.com/watch? v=j2HwGcOcpKM

② Richardson 2013

建立信任关系是一个共同努力的过程。在教师方面，要对学生的心理状态予以关注，不仅仅是对学习成绩的认可。在学生方面，信任开启了学习伙伴关系，学生在这种关系中能更清楚地表达自己的兴趣、需求与志向，并以积极而具创造性的姿态参与到学习过程中[①]。当学生们能够做决策，表达自己想法，并学习如何去有效利用这种方式时，他们就开始成为自己学习的引领者了[②]。

学生志向

肯·罗宾森爵士（Sir Ken Robinson）认为，教师在帮助学生认识自己的过程中发挥着重要作用[③]。卡尔·纽波特（Cal Newport）[④]认为，人们不是直接找到他们的爱好的，而是通过发展技能和经验才找到他们的热情所在。通过这个过程，他们才能知道喜欢什么，擅长什么（我们把这种技能发展称为“深度学习任务”）。这样看来，在新教育学中，教师的核心任务是帮助学生发现他们最喜欢的经历（前提是学生在开始的时候一般不知道他们想要什么）。换言之，就像罗宾森爵士说的那样，教师的关键任务是作

① 详见：www.youtube.com/watch? v=XJd8PPZ2XHY&feature=youtu.be 和 www.youtube.com/watch? v=j2HwGcOcpKM，学生有意义的声音

② 感谢我们的同事纳什·奎利亚（Russ Quaglia）在学生声音的翻译上付出的努力

③ Robinson 2009，2013

④ Newport 2012

为一个关心学生的指导者，帮助学生找到他们的志向，并朝着那个方向努力。

正是因为新教学方法把学习与学生的实际生活和志向联系起来，才真正让学生融入其中。 在我们与学生的讨论中，他们提及，传统方式的学习只是对于过去的学习，而他们想要学习的东西是与他们的未来相关的。

孩子们处于信息爆炸时代……要把他们融入学习中，我们需要驾驭他们的兴趣，并知道他们所处的位置。否则，有太多的事情让他们分心了。我必须成为他们的伙伴，了解他们的各个方面。要知道什么能吸引他们，我就必须真正地了解他们。这是一个双向的沟通过程。

——波林·罗伯茨(Pauline Roberts)，美国密歇根州5、6年级教师

今天的学生们——因为他们可以更广并更深地与任何地方的人和信息相关联，所以他们的思维模式被这种随意关联所驱动。在他们眼里，世界更加扁平化，这也使他们的学习方式发生了变化。对于今天的学生来说，当学习不能与他们自身、兴趣和需求产生关联的时候，他们便不会参与到学习中来。

——马克斯·卓米(Max Drummy)，澳大利亚塔斯马尼亚岛教育部，职业发展领袖

凯特·莫里（Kate Murray）是爱尔兰科隆塔斯科特（Clontuskert，Ireland）的圣·奥古斯汀学校的教学校长，她描述了相关性学习的活动。这是一个很小的郊区学校。在我们的访谈里，她说道，让学生融入进来就是“让他们关注自己——他们生活的环境，他们的家庭，他们的社区”。这个想法开启了一个全校范围内关于环堡（ringforts）的项目①。环堡是青铜时代作为房屋使用的地上圆形土丘，长期以来人们都把它与精灵的存在联系起来。在学校所在的教区，有204个环堡，很多学生都对此很感兴趣，认为它们与自己的祖先有联系，而把它们作为学习的对象。所以8至12岁的学生开始学习环堡的历史，包括住在那里的人们吃什么、穿什么；在考古学家的陪伴下，他们进去参观；学生们用数学模型来评价这些环堡；在学校建立其自己的环堡；他们写了一个剧本，并演出了他们自己的电影；他们参加了全国的遗产会议，并到处为大家做演讲。像凯特说的，“以他们的方式来学习，学习会变得生动起来”。当学生和教师都能把学习与自己相关联，这会让他们感觉自己不再是机器上的齿轮，而是自然地、本能地把学习嵌入到他们的梦想和生活中。

反馈

作为新教育学的核心，新型学习关系也为师生之间在学习过程中提供高效的反馈搭建了平台。要做到这一点，教师和学生必须有

① 详见：http://clontuskert.scoilnet.ie/blog/2013/01/25/ringfort－project－celebrations/

对学习过程的共同理解，并积极参与到学习进程评估、调整、改善的过程中。这个模型与知识型组织的工作方式非常相像。在知识型组织中，个人或组织提出最初的产品或程序，然后基于测验和反馈不断地改善和提升最初的设计。实际上，反馈的循环是“所有信息的汇总”。在新教学方法中，教师和学生之间的反馈是达成学习目标（也就是我们下文所说的深度学习任务）和深度学习成效的重要连接点。在学生的学习进程中，教师只有在对学生实际了解的前提下，才能提出有挑战性的目标，从而推动学生继续前进。学习软件也是基于学生表现的数据，并不断调整它们给学生提出的知识内容和挑战，关于这个问题我们将在第四章中描述。运用证据和数据来支持反馈信息是很必要的，这能够让学生对他们所完成的工作和学习目标的关系有更清楚的认识①。在不断的反馈中，学生对学习策略会进行调整，来完善最终产品或达到最好的表现。学生们也能够提供对他们同伴表现的反馈。这种伙伴间的反馈不仅适用于高年级学生——我们也见过 7 岁的孩子能够有效地提供这种反馈②。

得到这种正确的反馈是很必要的，它不但能推动学习的进程，也能让学生具备应对困难的必要技能。大量的研究表明，非学术化的能力，如决心、韧性和毅力等，与一个人克服困难取得最后的成功

① Wiliam 2010；Wiliam and Black 2005

② 详见：http://resources.curriculum.org/secretariat/snapshots/primary-literacy.html

有着密切的联系。安吉拉·达克沃思（Angela Duckworth）[①]和其他人向大家表明，持续的努力或者说“决心”（grit）比智商（IQ）水平能更准确预测一个人的生活成就[②]。关于如何更好地发展这些性格上特点的研究正在进行，而早期的证据指向了支持性学习环境的作用和得到正确的反馈效果。卡罗尔·德韦克（Carol Dweck）的研究表明，正确的反馈激励学生面对更有难度的挑战，它正关注于学生的努力而不是他们取得的成绩。

当学生取得成功时，教师应该对他们所付出的努力予以肯定，而不是他们的聪明才智。（与大众观点不同，表扬他们的聪明才智会让学生认为他们很聪明而对于失败表现得更加脆弱。）当学生失败时，教师也应该就学生的努力程度或方法给出反馈——哪些是学生做得不对的地方和他们现在该做什么。我们的研究表明，这是培养学生能力导向的一个关键因素。换句话来说，教师应该帮助学生去重视他们为目标所付出的努力。太多的学生认为，努力只不过是笨孩子的方法。然而，持续的努力才能够获得杰出的成绩。

——卡罗尔·德韦克（Carol Dweck），斯坦福大学心理学教授，2005 年采访[③]

① 达科沃斯（Duckworth）演讲：www.ted.com/talks/angela_lee_duckworth_the_key_to_success_grit.html

② 详见：www.paultough.com/2013/02/true－grit－can－you－teach－children－character－2/

③ Dweck 2005

学会学习和伙伴教学

我们上文谈及的学习伙伴——把学习和学生的志向、提供强反馈联系起来——加强了学生对学习过程的认知。当学生成为他自己及他伙伴的学习过程的一个观察者时，如何去学就成了新教学方法中的一个基本目标。这个目标不仅仅意味着掌握书本上的知识，还要求掌控学习的过程。它要求学生去设定他们自己的学习目标和成果的评价标准；指导他们自己的学习；审视性地检查自己的工作；吸收从伙伴、教师、家长或者其他人那里获得的反馈；运用这些反馈去加深自身在学习过程中作用的认识。当学生在掌控学习的过程中取得进步时，教师的角色就逐渐脱离了提出明确的学习任务，变为了提供反馈、激发下一层级学习挑战和不断优化学习环境。

学习伙伴必须在现有框架和独立性之间找到平衡，这种平衡对于每个学习环境来说都是独一无二的（如学习对象，任务复杂性，对知识的熟悉程度等）。

伙伴教学（peer tutoring），就是学生教导他们的伙伴和教师，在我们看来这是帮助学生认识和掌控学习过程的有效工具。伙伴教学要求学生融入设定学习任务、提出评估标准等过程中。我们访谈中的一位教师给我们讲述了伙伴教学如何培育掌控学习过程的能力。丹麦赫勒鲁普学校（Hellerup School）的梅特·豪驰（Mette Hauch）说，“我认为学生在教导其他学生的时候是最投入的”。她设计的教学任务是让学生每人选择一部文学作品，分析它，整理他们自己的学习材料和评价标准。然后学生用这些材料教授其他的学生，再用设定的评价标准评估其他学生的理解水平。

当学生教他们的伙伴时，他们更专注地融入这个过程中——他们在学习上更进一步。十几岁的学生群体是很难对付的，他们可能浪费很多时间和精力。在教导伙伴的过程中，他们拥有了更多的学习主导权，如果他们能做到，他们会感到非常自豪。

——梅特·豪驰(Mette Hauch)，丹麦赫勒鲁普学校

这样的项目需要持续很长时间，需要学生计划和准备他们的工作，通过反馈不断地去完善工作，有明确的学习任务和评价标准，这样学习进步才会显现。就像我们下文将要说的，深度学习的任务是新教学方法中构建学习过程的一部分，不是花一节课或两节课的时间就可以完成的。一个项目可能需要好几周的时间，甚至更长，就像在现实生活里的复杂工作任务一样。梅特的学生不只在一个班级中教授其他学生——这是在全校所有班级内的普遍做法。学生们运用他们在不同环境下所学到的有效教学方法，通过每次的检验来发现哪些方法可行而哪些不可行，逐渐开始掌控学习的过程。一个西班牙的教师这样描述他所在学校里这些方法的影响：

中学生在教授他们的教师和伙伴。这样，学生感到自己是学校的一部分，是学习的一部分。他们和教师一样。很多学生认为，在学校

学习就是他们的工作一样。

——奥维迪奥·巴尔塞洛·赫尔南德斯(Ovidio Barcelo Hernandez)，教师，西班牙巴伦西亚

丹·巴克利（Dan Buckley），一个英格兰社区学校的校长，描述了伙伴教学的影响：

在2000年至2005年，我组织了一个包括100多个学生的项目，我给这些学生提供教师培训。然后学生学习并互相讲授一个完整的课程内容，每节课都由4人一组的“伙伴教师”讲授。结果是，他们所有学科的平均每人每科成绩比国家考试的全国平均成绩高1.4分。即使这些小组仅仅是学校人数的三分之一，但他们的成功把学校带进了英国学校排名前20。这个学校是艾格布克兰德社区学校(Eggbuckland Community School)，这个项目是完全由学生主导的最早的“一人一本”(笔记本电脑)项目之一。

——丹·巴克利(Dan Buckley)，英格兰康沃尔，索尔塔什网络社区学校(Saltash.net Community School)副校长

墨西哥学习共同体项目同样也能够说明伙伴教学的作用，它主要针对全国的农村学校[①]。这个项目促进了网络教学，在网络教学

① 详见：http://vimeo.com/70279241

中学生能够互相授课，用课程作为导图来发展学生“教师”的专长领域[①]。墨西哥已经有6000所学校加入到这个项目中。据前4000所参与学校的数据显示，该项目显著提高了学生在全国ENLACE考试中获得“良”和“优”的比例。

教学能力的影响

伙伴关系、关注学生的志向、正确的反馈和掌握如何去学都是新教育学的必要组成部分，因为它们创造了一种环境，其中教师能够更深入地了解每一个学生，通过分析学生的进步了解哪种教学方法能最好地激发学生去学习。这些新教育学的策略本身——即使在我们加入深度学习任务、数字工具和数字资源之前——对于教学实践来说已经有着深远的影响。在一些国家中，这种教学实践正在进行。但是在更多的国家中，悲观主义者（或现实主义者）认为进行这种教学实践仍需要几十年的持续努力。这就是我们的分歧所在。我们发现很多生活中和学校里自然而然的发展都在推动着新教学方法实践。

我们发现，学生和教师的能力和技巧在这种学习方式下被释放了。我们的假设是：由于学生和教师都朝着同一个方向推动以及数字资源的大量涌现，自然地这种教学实践被采纳的速度会加快，因此快速变革是可能的。

---

① Rincon－Gallardo and Elmore 2012

新教育学要求教师有多种教学技能，比如从项目学习到直接指导以及探究式教学模式等。最重要的是，教师能够在学习过程的推进中起到积极的作用，并能够运用针对特定学生或任务的有效方法（教师应能够分析甄别哪种方法最有效）。在新教学法中，这意味着与学生进行互动，使学生对于学习的想法和问题更加透明。这里需要提一下约翰·海蒂（John Hattie）在1000个关于不同教学策略对学生学习影响的研究中的发现[①]。这项研究总共涵盖了2.4亿名学生。教学策略的影响用该策略对学生学习的“效应量”（effect size）来评价（海蒂注明：效应量低于0.40的影响就没必要考虑了）。他区别了两种策略，一种是“教师作为帮助者”，一种是“教师作为激发者”，如表2—2。这个分类可以被当作新教育学中教学策略的可能分类：

表2—2 海蒂的“可见的学习”对于不同教学策略效应量的分析

策略分类	
教师作为帮助者（归纳传授，掌控学生的学习）效应量	0.19
教师作为激发者（师生关系，教学相长，反馈，元认知，教师明确）	0.72

我们可以看到，教师作为激发者的效应量是教师作为帮助者的三倍多。在新教育学中，教师所扮演的角色并不是减少了，相反，

① Hattie 2009；Hattie 2012

他们比以往更多地融入学生和其他教师中去。因此，广受推崇的“在旁边指导”的观念在新教育学范畴内是比较低效的方法。承担动态、交互角色的教师对学生的学习有强烈的影响作用，因为他们能够促进学生明确设定自己的学习目标，帮助学生获得学习能力并有效达成这些目标，支持学生引导自己达成目标。这样的教师不会“让学生自学”，而是帮助他们掌控学习的过程，克服学习过程中的困难。这样的教师才可称得上是具有高超的教学能力的教师。简而言之，新型教学伙伴关系的那些可定义的特征是通往深度学习之极富空间的一个入口。

第三章　新教育学之深度学习任务

深度学习任务是很具有挑战性的，但这并不像是数学或科学课程的那种挑战性。学生做这类工作要具备以前没有的创造性思维。我要以全新的状态去应对新课题和出现的问题，这是以前都不曾有过的。

——凯瑟琳·弗拉索夫(Catherine Vlasov)，多伦多大学附属学校11年级学生新教育学第二个核心组成部分是我们所谓的“深度学习任务”(deep learning tasks)。深度学习任务能够利用新型学习关系的力量引导学生沉浸于深度学习的过程中，发现和掌握现有知识，然后创造并运用新知识于现实世界，如图3—1。深度学习任务的实现受益于“学习领导力”这个概念。学生们将成为他们自己学习的领导者，并能够运用可及的数字资源、工具和关联性来设定和达成他们的学习目标。

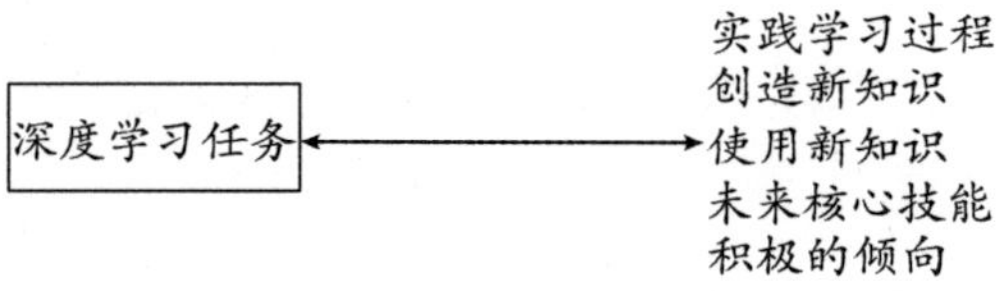

图3—1 深度学习任务

深度学习任务重新设计学习活动为：

1.运用数字工具和数字资源重构学习课程内容(如国家课程总目标或标准),使之更具挑战性和参与性。

2.给予学生更多在现实世界中创造和运用新知识[①]的实践经验。

3.发展和掌握未来关键技能,这被迈克尔·富兰称为6C:

· **品格教育**(Character education)——诚实,自律,有责任感,努

① 在我们的定义中,“新”知识是由学生创造的,判断新旧的标准是它是否已经存在。参照盖伊·克拉克斯顿(Guy Claxton)2013中对学习类型和“知识”的观点。

力工作，毅力，对他人安全和利益的关注，自信，个人健康管理，事业和生活技能。

• **公民意识**(Citizenship)——全球化知识，尊重其他文化并具有敏感性，积极参与到人类和环境可持续发展的问题中。

• **沟通交流**(Communication)——能够通过语言、文字和运用数字工具有效交流，倾听技巧。

• **批判思维和问题解决**(Critical thinking and problem solving)——在设计和管理项目时能辩证思考，解决问题，运用数字工具和数字资源做出有效决策。

• **协同合作**(Collaboration)——与团队一起工作，与团队一起学习并为之做贡献，社交网络技能，能够很好地与不同性格的人合作。

• **创造力与想象力**(Creativity and imagination)——经济方面的和社会方面的创业精神，接受并追求新想法，引领行动。①

学习重构

深度学习任务重构了学习活动，从单一的重点知识掌握转变为提升学生学习、创造及主动应用知识的能力。 在很多有效验证深度学习作用的案例中，深度学习任务是：

1.有明确的、具有适度挑战性的学习目标，学习目标很好地结合了课程内容和学生的兴趣及愿望。

---

① Fullan 2013a

2.有具体和准确的评价标准，能让学生和老师都知晓学习任务完成的程度。

3.对学习过程有完整的反馈和结构化的评价体系，培养学生的自信心和预处置能力。

在深度学习任务中，学生通常与老师共同完成设计任务结构或过程的工作。很多人认为，深度学习的一个特征是给学生学习什么和如何去学的选择。加利福尼亚州的圣地亚哥高科技网络公司（High Tech High Network）CEO拉里·罗森斯托克（Larry Rosenstock）在我们的访谈中清楚地表达了这样的观点："它（深度学习任务）通过让学生发出自己的声音、做出自己的选择来起作用。"这些学习任务能够更好地确定学生能够达到的水平，即使对于年纪很小的学生也是如此①。在新教育学中，学生是通过深度学习任务来获得各种体验，包括发展他们的志向、主动地学习、在困难挑战中坚持下去和在现实中运用知识。简而言之，深度学习任务搭建了学与做之间的实践桥梁。

创造和运用新知识

在理论和实际的例子中，我们都已经看到深度学习任务蕴含了知识建构的过程②。在我们的术语中，知识建构意味着学生创造新

---

① 详见 www.youtube.com/watch? v=pGtJami4EGM&feature=youtu.be

② National Research Council 2012

知识，而不是复制或运用已有的知识。阿拉巴马州 10 年级教师凯莉·埃瑟里奇（Kelli Etheredge）描述了她以前是如何教学的：“我给学生们准备好了他们需要知道的知识，如果他们没有学会，那就是他们自己的问题。”她说，这个过程就是教师过去教学的过程，运用的是课本上的材料和评价标准。她和她学生都是在复制课本上已有的知识。深度学习任务，其目标是创造新知识，并通过对原有知识和想法、信息、概念的整合，产生全新的产品、概念、解决方案或内容。在优质的深度学习任务中，学生并不只创造新知识——还在实际中运用新知识。从这个意义上来说，深度学习任务包含了建构主义的倾向，它强调在实际环境中如何运用新知识。

在加拿大多伦多郊外的韦尔兹利公立学校（Wellesley Public School），自然老师朗达·赫格特（Rhonda Hergott）针对 7、8 年级的数学，验证了深度学习任务能够产生知识创新。学习任务是让学生以小组为单位，运用一系列数学理论设计短程线圆顶建筑，然后用硬纸板为学校里 1 年级的学生制作出圆顶①。学生全权负责整个项目，包括提出他们想解决的问题、如何去设计制作过程、联系硬纸板商家并比较价格。在他们团队合作的过程中，学生发现他们需要准确的数字，所以他们评价了全体 1 年级学生的身高，算出了平均值、中位数，以便能够建造尺寸合适的圆顶建筑。在任务进行过程中，每周“检查”（checkups）评价学生对所学概念的理解程度（例

---

① 详见 http://prezi.com/ojjpheqkm0vu/the－geodesic－dome－project/?utm_campaign=share&utm_medium=copy. 朗达(Rhonda)的学生也制作了视频来庆祝他们工作的完成：http://mshergott.weebly.com/7a－geodesic－dome－project.html

如，如何去计算一个圆的周长会在学生需要运用之前的一周教给他们）。在六个星期任务的中期，学生会自己对概念的理解进行评价。在任务完成后，朗达老师的学生已经比其他两个同年级班级的学生掌握了更多的课程内容，而另外两个同年级的学生是按照传统的方式学习的。这个项目是朗达老师在新教学方法下对深度学习任务的第一次尝试。当我们问及这个任务的影响时，她告诉我们：

它（深度学习任务）打开了一个学生如何学习的全新视角。学生们都全心投入，不想离开数学去运动或去外面玩。他们想要留下来学数学，即使在午饭休息时间。这不仅是因为建造圆顶建筑之故，而是因为他们有了拥有权。他们拥有它。他们拥有并掌控了学习的过程。

——朗达·赫格特（Rhonda Hergott），加拿大韦尔兹利公立学校7、8年级教师

另一个例子来自凯莉·埃瑟里奇（Kelli Etheredge）老师。她描述了一个关于10年级英国学生写有关环境论文项目的情况。学生可以选择他们研究的环境问题，但是必须展示出与他们所选问题相关的知识以及写作技巧和交流技巧（与美国共同核心课程标准类似）。在文章完成之后，学生们要运用他们所写的文章中的知识去处理现实中的问题。一组男生，并没有对文学有特殊的喜爱，写了有关水污染的问题。这些男生在小组内协商后选择了一条在他们学校附近并被污染了的道格河作为目标。他们想出了一个解决方案，并制订了计划。随后，他们获得了当地报纸捐赠的一个价值3400美元的广告，以扩大人们对这个问题的关注。他们找到了当地的一

家咖啡馆，通过提供一种咖啡饮品来筹集资金。在学校放假两周之后——需要注意的是这已经是在完成学分课程之后——这些孩子和当地电视台一起清理河道并向观众说明社区居民应该如何去做才能保证道格河未来不被污染[①]。这个例子向我们展示了，深度学习任务如何要求学生完成从创造新知识到在实践中运用新知识的跨越。通过这样的跨越，学生培养了更强的对学和做的“积极倾向”[②]。

未来核心技能

6C或未来核心技能（与ISTE的“NETS”标准相似[③]）可以通过完成深度学习任务而获得。单向任务是通过解决复杂的问题来达成这个目标的。而深度学习任务通常让学生融入解决与现实世界相关或有影响的问题中（超越了掌握知识内容的目标）。这样，深度学习任务把学生与丹尼尔·品客（Daniel Pink）所谓的“目的性”联系了起来：

---

① 新闻详见：www.fox10tv.com/news/students－clean－up－dog－river－park. 整个学习任务详见：http://www.pil－network.com/Resources/LearningActivities/Details/e18d2903－9b2c－425d－8f89－5ad42a28d421

② 然而，这个例子也指出了深度学习任务中模糊不清的一部分：什么是学习任务的最初目标？如果这些任务完成了，结果是如何被评估的呢？如何去评估一个人的预前处置能力？这些问题对于新教学方法的有效性来说都是重要的，也是老师们运用新教学方法考虑的核心问题。我们在第五章中会重点讲这个问题。

③ ISTE的“NETS”标准详见：www.iste.org/standards/nets－for－students

人们自发的工作能够达到很高的绩效水平。但是那些为了更高目标而努力的人们会收获更多。被激发起来的人们——不要说那些有能力而容易感到满足的——能够达到的目标超乎他们的想象①。

“目的性”也是深度学习任务能够创造传奇故事的原因。

波林·罗伯茨（Pauline Roberts）是美国密歇根州 5、6 年级的数学和科学老师。她的学生在 2013 年春天的学习目标中通过 10 个 h2o 英雄任务来研究水圈。② 每个任务都是为了让学生掌握水的不同方面的知识。第 10 个也是最后一个任务是让学生运用他们学过的知识给一个社区带来积极的影响。学生在维基上这样描述他们的第 10 个任务：

在全美的伙伴团队视频会议协商之后，我们决定我们应该支持可普计划(Cope Project)……可普计划旨在帮助赞比亚贫穷地方的人们。贫穷地方的只有 35％的人才有洁净水源供应。人们因为饮用被污染的水而染上本可防治的疾病。

——伯明翰学生的维基，h2o 团队

所以，在与可普计划的创始人沟通他们能提供帮助的措施后，学生们决定为赞比亚一个贫穷山村建卫生间筹集资金。他们与赞比亚的人进行沟通，确认所需金额。在学期最后的三周，学生们想出

① Pink 2009

② 10 个任务详见：https://h2oheroes.wikispaces.com/Missions

了他们如何能够筹集到所需资金的方法。 他们准备组织一个回收活动；制作独特的椅子并在网上拍卖；用他们回收的礼物卡制作珠宝并出售。 学生们用自己想出的这些有意思的集资方法筹集了用来建造卫生间的 2500 美元。 学生在项目评估中对自己完成任务的反思展示出他们所掌握的创业技能：

·珠宝

我们从当地店铺回收了 2000 多张保存完好的卡片。但因为我们只有一个磨削圆锯，所以我们花费了大量时间去制作手镯。实际上，用开口环做手镯需要花费大量时间，所以我们改用定型环来做。我们收到了很多订单，几乎每天的午饭时间都用来完成订单。直到学期的最后一天，我们都在制作和运送这些订单！我们在伯明翰遇见了一个珠宝店家，她在夏天假期里为我们提供了一个可以卖珠宝的地方，这真是帮了我们大忙。她建议我们制作冬季系列产品，我们 9 月份见面的时候又给她看了我们的产品，确认她是否愿意购买然后在她的店里卖。我们也尝试去制作吉他，一家吉他店正在测试它看能否再从我们这儿买些。

学生们在这个学习任务中的投入度是十分明确的：

我们非常兴奋能达成目标，但更令我们激动的是，校长对这个项目如此支持，他让全校都参与到项目中，并帮忙筹集了 12000 美元来购买农用拖拉机，这能够帮助我们所资助的乡村的经济发展。他想让学生和老师到乡村去参观，并发展长期的合作关系，这样我们能够监控我们提供帮助的长期影响。总之，我们成功地完成了第10个也是最后一个任务。我们是h2o团队！

——学生的维基，h2o团队①

回顾这个项目，就像波林（Pauline）说的那样，“他们只有10到12岁大，完全靠自己完成这个任务，就因为这一句话‘展示你的学习成果’”。这些学生在掌握数学和科学课程知识内容的同时，也运用了创造、沟通、下决心、解决问题、合作和反省等多种技能。

需要强调的是，深度学习任务并不只解决全球问题（虽然发展全球公民意识是其中的一部分）。重要的是，在每天的课程中学生都融入学习和解决实际问题之中，不论是当地的还是国际的问题。

深度学习任务的另一个普遍现象是它们通过合作对学生的社交能力产生影响。表面上来说合作是容易的，但实际中却没有那么简单。对学生和老师而言，其中最复杂的变化是从关注个人的学习成果转变到关注团队的学习成果。在现代工作中，成功通常是要靠团队每个人共同努力，把复杂的部分、想法整合成完整的产品、解决方案、政策或程序。这需要每个人对最后的工作成果负责，共同协商做出实质性的决定，并能够互助。

下面的案例能够说明深度学习任务是如何培养学生的合作技能的。这个学习任务要由团队完成——就像在运动场中运动员要互相

① 学生的自我评价：http://h2oheroes.wikispaces.com/Our+Evaluation

传球一样。这个项目是在美国华盛顿州贝尔维尤国际学校（Bellevue International School）克里斯汀·梁老师（Kristin Leong）的7、8年级人文学科学班级学生中进行的。在这个项目中，任务的设计同时涉及了美国共同核心课程标准和6C技能：

> 学校里的能量是显而易见的。学生们围坐成两圈，里圈是演讲者，外圈是教练。里圈的学生热烈讨论着《奥威尔动物庄园》与《蝇王》和现实世界的关系。讨论非常热烈，当一个人稍微停顿一下，其他四个或五个人就会开始发言。这场讨论更像发生在英国议会中，而不是在一个课堂里。他们所讨论的文学问题都是自己提出的，如"为什么动物庄园里的动物认为它们比人要好?"老师坐在圆圈之外，记录着讨论的进展情况和每个学生的参与情况。
>
> 每个学生都把课本打开，他们随着讨论的节奏快速地一页页翻动着书。每个演讲者运用文章中不同的内容证明自己的观点，说明页码和引用内容。当"时间到"了，内圈的演讲者会向外转，面向外圈。他们外圈的私人教练会评点他们讨论中表现好的地方。每个人都知道他们所承担的角色，他们专注于为其他人提供支持。学生不仅深度理解了文章，他们的讨论更说明他们能够把文章与奥威尔所谈及的历史问题联系起来。

这是完全由学生主导的讨论会，学生们自主讨论、伙伴进行支持、完全融入思想交流中并享受这个过程。看学生们讨论就像在看一场快节奏的足球或篮球比赛，老师克里斯汀只负责控制时间。在讨论会结束后，她让全体同学感谢那些能够坦诚交换想法，专注于在讨论中支持伙伴，驳斥或支持他人观点的同学。随后，同学们向那些表达了不错观点的同学和好的教练表达了感谢。在这个深度学习任务中，学生们作为伙伴一起合作、学习，完全融入有说服力、有技巧的沟通讨论中。老师的角色并不是一个远程服务者——她参与到指导学习的过程中，并运用讨论中的表现来给学生提供具体的反馈。

学习目标

上文中的深度学习任务展示了学生在新教学方法中的参与度和积极性。当他们的激情被这些任务所激发后，老师和学生在统一的目标下能够共同达成不可思议的成果。在与教学方法和学习伙伴整合起来后，深度学习任务能够有效影响学习效果。理论上讲，深度学习任务能够同时提升老师的教学能力和学生的学习能力。深度学习任务给了老师设计、实施、指导、评估不同教学方法的机会，给了学生实践学习、培养引导和控制学习过程、创造和运用新知识的机会。要做到这些，深度学习任务的设计和结构都是至关重要的。

在第二章学会学习中我们讨论过，清晰的学习目标和明确的评价标准都能让学生和老师准确掌控学习进程。从罗伯特·马尔扎诺（Robert Marazno）到夏洛特·丹尼尔森（Charlotte Danielson）再到约翰·海蒂（John Hattie），教学专家都强调清晰的学习目标是有效学习的保障：

老师越清楚地向学生说明学习目标，学生越能够融入学习过程中从而达到目标。同样，学生对成功的标准越明确，越清楚采取什么行动从而达到标准[①]。

因此，深度学习任务应该清晰地定义学习目标，但是单独地定义它们还不够。最有挑战的学习目标是在学生近期认知范围内的（如它们能够适切地推进学习过程）[②]，是通过学生和老师的协商而达成的；是把学习目标与学生的兴趣、愿望整合到一起的（参见特曼Shechtman等）[③]。此外，深度学习任务必须有相应的成功指标和评价进步的方法。所有以上这些共同点能带来学习进程更大的透明度，它们能够帮助学生有效掌控学习过程。

这些新发展提出了新问题：新教育学和深度学习任务中学习目标的重点和传统教育模型中的学习目标有何不同？如果学习目标是不同的，那么有什么能证明其不同呢？我们怎么来评价不同学习目标的成绩呢？在第六章中，我们会提及对学习进程和学习结果的评价方法。重要的是，新的评价方法能否印证新教学方法在整个教学系统中的影响。在讲到评价问题之前，我们先要研究数字工具和数字资源的爆炸性增长。这种增长可能会使问题更复杂，所以我们需要用整个模型来指导我们：新型学习关系，与深度学习关联，被不可预测的科技加速，由理解和精通于动态变革过程的人所引领。最后这一点将在第六章中详细讨论。

---

① Hattie 2012

② 这里指维果茨基(Vygotsky)的"最近发展区"(zone of proximal development，简称 ZPD)

③ Shechtman et al 2013

第四章　新教育学之数字工具和数字资源

科技非常重要，但是如果教师不能有效地运用它，那么它根本解决不了什么问题。

——路易斯·费尔德斯(Luis Fernandes，Director of Freixo School)，弗雷舒学校，葡萄牙

新教育学的第三个核心组成部分是数字工具和数字资源，至今为止，我们在新教育学中还没有明确讨论过科技。我们是有意这样安排的，因为我们最主要的目标是要突出新教育学核心部分的整合能够强有力地改进学习。像迈克尔·富兰（Michael Fullan）和凯特琳·唐纳利（Katelyn Donnelly）在《在沼泽中生存》中写的那样，“科技如果不配合有效的教学方法（深度学习任务），那么它就不能帮我们走得更远[①]。”一方面，数字工具和数字资源能以过去不能想象的方式扩展并加速学习，这一点在《极度空间》中曾被提到过[②]。另一方面，学校及教育系统在科技上大量的投资并没有达到所期待的效果。如果“教师教——学生学”的根本教学模型没有改变，科技上的投资通常只能为知识传授和基础技能的操练披上一件娱乐的外衣，而这种传统教学方式仍然只是聚焦于复制现有学科的知识内容。

我们以教育系统中数字工具和数字资源的状态入手。截至目前，关于科技对学习成果影响的元分析表明，与其他教学手段相比，科技对教学的影响低于平均水平。

元分析研究中的整合结果表明，基于科技的干预方式和其他干预方式（如伙伴教学或为学习者提供有效反馈）的对比，科技的干预方式对教学的提高水平是有限的。从这些研究显示的对教学影响的范围

① Fullan and Donnelly 2013

② Fullan 2013b

来看，真正能产生效果的并不是是否在教学中应用了科技，而是如何更好地应用科技来支持教与学……因此，在教室中如何应用科技的教育学才是重中之重：方式比形式更重要。这是研究给我们的重要启示[①]。

约翰·海蒂（John Hattie）在他的研究中发现，与其他教学策略相比，科技对教学的影响水平低于平均值[②]。拉里·库班（Larry Cuban）[③]的记录表明，在过去的50年里科技对教学的影响极为有限。在这些项目中以及在迈尔克·富兰的《极度空间》这本书中，对这一点的解释是很明确的：截至目前，科技都只是在传统的教学方法基础上发挥作用。宾夕法尼亚州立大学的奥林·默里（Orrin Murray）和尼科尔·奥尔瑟斯（Nicole Olcese）分析了苹果iTunes里"教育"类别的3万个应用程序。在他们最终的分析中，他们总结道"在教育类的应用中，极少能够超越知识消费的模式[④]"。那些超越内容提供和消费模式的应用则基本上是"练习与操练"，或基础技能的重复。这种描述不仅适用于苹果的应用，对于过去几十年中的大部分教育应用而言也是如此，包括好评如潮的可汗学院（Khan Academy）或者大量出现的在线公开课（MOOCs）。虽然他们对支持传统学习目标来说很有价值，但并没有从我们谈及的新教育学与

① Higgins et al 2012

② Hattie 2009

③ Cuban 2013

④ Murray and Olcese 2011

深度学习的角度来运用科技。

现在的问题不仅仅是科技的应用还停留在传统教学方法的基础上，更重要的是教师运用科技的方式虽是为了传授知识但缺少创造性。目前在学校和教室中所运用的科技，很少用数字工具和数字资源来进行深度学习。正如葡萄牙弗雷舒学校主任路易斯·费尔南德斯（Luis Fernandes）告诉我们的那样，“科技非常重要，但是如果教师不能有效地运用它，那么它根本解决不了什么问题”。下文的图 4—1来源于创新教学研究项目，它向我们展示了来自七个国家的教师对学生运用信息和交流技术的报告：

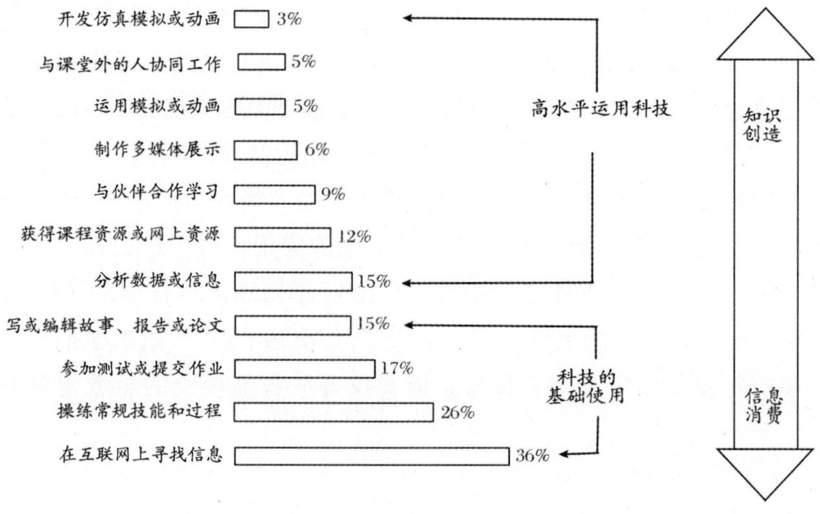

图 4—1 科技运用和知识创造

2011 年的数据表明，科技主要还是以基础方式被运用着——仅仅用来支持传统的教学而不是合作与知识创造。此外，这个图也没有提及更深层次的知识创造，这会在下一个时期伴随着新教学法而产生。

让我们来看一个具体的例子，这个学校真正把教学放在首位，用科技来支持教学，这就是安大略省的梅纳庄园公立学校（6～8 年级）[①]。这个学校首先关注的是学生的学习目标，其次是具体的教学方法，最后是科技如何能够高水平地加速学习过程。教师们合作设计了“加速学习框架”来记录学生学习目标、深度学习能力及科技与教学结合的典型案例。随后他们把这个学习框架在学校范围内付诸实践，具体说明了目的、过程、任务以及期望的结果。他们还发展了一个“专业学习与专业实践”的策略，将有效使用科技纳入整个框架之中。实施的结果是：开始时学习成绩基本上持平，但在年度标准化评价上取得了大幅度提升。以阅读熟练度为例，三年内从 72%提升到了 93%，而写作从 69%提升到了 87%，并且缩小了男女生之间的写作差距。

对梅纳庄园公立学校（Park Manor Public School）和其他类似的学校来说，科技是新教育学其他核心部分的促成者与加速器。在新教育学模型中，科技直接支持了新型学习关系，并且是深度学习任务的基础。总之，它让新型教学成为现实。

① 详见 www.michaelfullan.ca/ontario－park－manor/

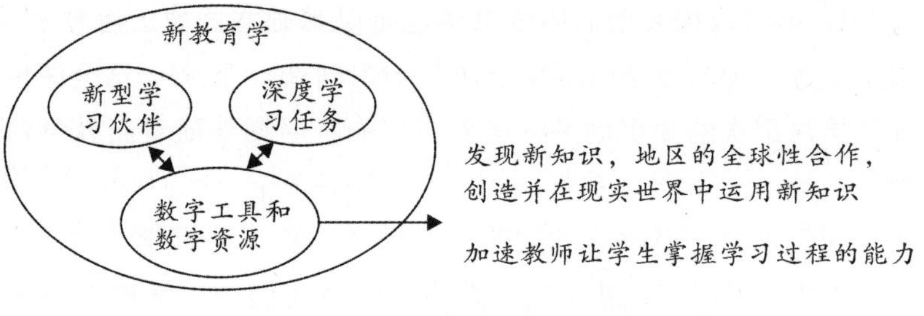

图 4－2　数字工具和数字资源

只有当科技与新教育学的其他核心部分策略性地整合到一起后，才能够实现深度学习。当教学方法和深度学习能力获得明确的定义和发展，数字工具和数字资源能够带来：(1) 发现并掌握新的学科知识；(2) 合作与共同学习；(3) 新知识低成本的创造和循环；(4) 运用新知识解决实际问题；(5) 加强教师让学生掌控学习过程的能力，加速学习自主性[①]，如图 4－2。这章余下的部分将会详细阐述，在新教育学中学习伙伴运用科技建构知识，调查和解决实际问题，对彼此的工作进行评价与反馈，能够实现教室或学校以外的合作，与伙伴、专家或其他人进行交流等。这些对科技的运用并不仅仅是为了课程目标，而是为了让科技服务于深度学习任务，并有明确的评分标准。科技的运用是动态的，是由教师和学生共同决定的。当科技以这种方式出现在学习中，那么学校将会真正与外面世界所发生的变化紧密连接起来。这种界限不仅变得透明，并且从学习的意义上来说也在慢慢消失。

---

① 此处的语言要感谢彼得·希尔(Peter Hill)

不要从科技开始，而是从教学方法开始改变，让学生们帮助你看到他们怎样让科技有效地支持教与学。

——马克斯·卓米(Max Drummy)，澳大利亚塔斯马尼亚岛教育部职业发展领袖

我们曾为许多优秀的科技以及设计优良的应用程序感到无比兴奋，然后我们开始意识到其实最简单的科技形式就能产生深远的影响。

——莉兹·安德森(Liz Anderson)，加拿大安大略省梅纳庄园公立学校6年级教师

发现新知识

教育史现在处在一个极为重要的拐点。学生和教师对"混合型学习"和"翻转课堂"的无限兴奋其实都源自同一种挣扎。在世界上大多数的学校里，学生和教师都被规定的课程"完成教学内容"的要求和正式评价标准所限制。然而，无处不在的数字工具和数字资源让任何人在任何时候都可以学习知识内容。这意味着两件事：第一，教师不需要再去亲自传授广泛的知识内容①；第二，学校也无须传授那些理论上学生以后生活所需的全部知识。虽然学生的知识内

① 这并不意味着教师不需要具备专业知识来指导学生发现、创造、运用新知识，这对于学生来说是陌生的。此外，不同学科的内容开启了更多跨学科的学习任务。就像在现实世界中解决问题一样，需要综合各种信息、想法或观点，深度学习任务通常涉及多学科内容。

容的广度是非常重要，但学校和教师没有义务传授给学生全部知识。学习应该更注重于帮助学生掌握学习的过程，帮助学生自己运用数字工具和数字资源发现和掌握新知识[①]。在这种情况下，对教师直接传授知识内容的需求减少了，对于高质量、便于获取、用户体验优良的数字学习资源的需求就提高了。同时，需求的范围也扩大了——优秀的学习资源并不只为了“课程需要”，而是为了全世界范围内的知识和想法。

合作与共同学习

无处不在的数字工具和数字资源使深度学习成为可能，通过扩展学生联系教师、同伴或其他人的时间和空间，便能够随时随地获取想法、反馈、指导和进程评价。学习过程因此变得更加社会化，并与对人们如何学习的现代研究和理论联系起来[②]。对于同一个学习任务中的伙伴来说，能够在学校时间外通过数字工具与伙伴合作，扩展了把学习与个人兴趣和志愿连接起来的可能性。在学习过程中与新教育学的其他核心元素整合后，在线学习资源不仅能成为高动机学生独立学习的工具，更让全体学生都能融入一种更具包容性的、更加社会化的学习之中。

---

① 详见：www.youtube.com/watch? v=qC_T9ePzANg

② Bransford et al 2000

创造新知识

我们在之前的章节里讨论过知识构建在深度学习任务中的重要作用。威尔·理查森（Will Richardson）明确地表达了应该将数字工具和数字资源与创新联系起来："科技让我们实现了知识的飞跃，创造出真正有意义和有价值的东西，我们不应只用它来沟通、制订学习计划，或不受教室时间与空间限制的'传授'知识[①]。"21 世纪全球经济是建立在知识的基础上并以价值创造为导向的；全球经济的生产力需要能够创造新想法、新产品、新解决方案与新知识的人。相应地，深度学习要求的也不仅仅是掌握知识，而是在现实世界中创造和运用新知识。诚然，很多东西不需要科技也可以被创造出来，但是数字工具和数字资源可以让创造过程更为便捷、成本更低。无论是一段录像、一个多媒体展示、定量分析的动态展示，还是整合了全球的最新数据和专家意见的优秀研究报告都表明当学生运用数字工具和数字资源实践知识构建的过程时，其实就是在实践着他们未来的工作方式。

在现实世界中运用新知识

在现实世界中运用新知识，即通过让学生有目的地在现实世界

① 威尔·理查森(Will Richardson)，与作者进行了邮件交流

采取行动并产生影响，从而帮助他们培养态度和建立自信。

> “也即通过让学生有目的地在现实世界采取行动并产生影响，从而帮助他们培养态度和建立自信。”

这是深度学习的最后一步：在学校之外的现实世界中学生运用自己创造的新知识。在这里，学生会充分发展和建立他们积极“做”的倾向性。举个例子，阿曼达·亨宁（Amanda Henning），澳大利亚维多利亚港达拉斯布鲁克斯社区学校（Dallas Brooks Community School）的副校长，这样描述学生的声音项目，“我认为‘采取行动’阶段是最重要的，因为学生在这个阶段拥有了完全的控制权[①]”。运用知识制作一个新产品并与教师和同学分享它是一回事，运用知识面对真实的顾客在实际中解决问题或影响政策、程序是另一回事。在过去的一个世纪中，上学更多的是在教室中、在学校里，毕业的学生掌握的技能是被其他人定义的：做他们被指导去做的事情。但是今天，当学生走上工作岗位时，他们却需要面对那些复杂的事情并且无人指导，而今天的学校却不能帮助年轻人为他们的未来做好准备。因此，只有转变对学生应该做和能够做事情的预期，让他们在现实世界中去实践，我们的学校才能完成它们最基本的任务，也即通过让学生有目的地在现实世界采取行动并产生影响，从而

① 详见：www.youtube.com/watch? v=j2HwGcOcpKM

帮助他们培养态度和建立自信。当约翰·杜威（John Dewey）说学校并不是生活的预备场而就是生活本身时，他可能很难想象有一天学生会很早就开始学习这个世界并改善它——由此成为生活中的好公民。

那科技在其中又扮演什么样的角色呢？简单说来，数字工具和数字资源成为人们在现实世界中做事情的一个基本方式，而年轻人需要这种工作经验。他们要进入一个工作不再由他人提供的世界；相反，他们需要在这个世界中创造并展示价值。数字工具和数字资源可以加速这种价值创造，而且数字工具和数字资源已经在学校外无处不在了，是时候把这些资源带入到学校中，让学生运用它们来做事情了。我们必须相信，这样的"做"不只是可能的，而且是必须的。

科技应如何被应用到学习过程中的研究也暗示了应该将什么样的数字工具和数字资源提供给学生。这里的重点并不是通过科技完成个人学习（其目标是掌握知识），而是为每个学生提供数字工具和数字资源来发现、创造和运用新知识。

加速提升学习自主性

> "新教育学的目标是让学生成为有效地设计和管理学习过程的独立学习者。"

在新教育学中，我们看到科技开始支持学生和教师之间的新型学习伙伴关系，这加速了教师让学生掌控学习过程的能力。新教育学的最终目标是让学生成为独立的学习者，能够有效地设计和掌控学习过程。要达到这个目标并不容易，它要求富有经验的教学以不断发展学生对学习过程的掌控。数字工具和资源能够让学习过程对利益相关者而言更加透明。简单地说，师生学习伙伴和随之产生的深度学习任务应该指导如何使用数字资源。

科技能够有力地支持新型学习伙伴关系，正如我们在本书的学校案例中看到的那样。比如，梅纳庄园公立学校，在它的教学基础框架下，运用科技加速了存在于学校中的学习伙伴的建立。当然，这也不一定必须依靠高科技。比如，他们用“便条纸”把学生的数据张贴在教师办公室的墙上以记录学生的进步情况，这也是一个很好地让学习过程更加透明并且简单可行的办法①。其他学校运用科技的方法更加直接。丹麦赫勒鲁普学校（Hellerup School）运用电子档案来收集和记录学生的学习。一个学校里所有与这个学生相关的教师都为学生的个人电子档案提供相关的进展信息——包括学业及非认知领域。学生的学习情况都被收集到电子档案中，但更重要的是，教师通过运用这个系统建立起对每一个学生的多维度的认识，其中包括哪种学习策略对该学生而言是最有效的。新接手某个学生的教师可以获取并进一步完善该生的档案，这样减少了教师了解学生需求和兴趣的时间，学生也能够获得他们自己的档案，参与到对他们自己的认知中，了解自己的学习强项和发展方向。我们与

---

① 详见：www.michaelfullan.ca/ontario－park－manor/

这个学校里的一位教师梅特（Mette）进行访谈，她这样描述学生电子档案的合理性："我们需要全面地了解一个学生。"

另一个科技支持新型学习伙伴的方法是通过数字工具记录学生在实际工作中、学习进程中和正在进行的项目中的愿望和学习目标。电子档案与愿望和实践的结合，让学生、教师和其他学习伙伴都能更好地提供有效反馈，并更清晰地看到学生的学习进程。有关数字工具的案例中一个是"我的志向行动计划"（简称 MAAP），是由歌莉娅学生志向组织（Quaglia Institute for Student Aspirations）发起的。这个工具为学生们提供了一个在线平台，能够定义他们与志向相关的学习目标，记录他们与目标相关的进步，分享他们实际的工作产品，如论文、录像和其他学习材料等。这个系统向教师和学习伙伴开放，让他们能够评价、持续指导和支持学生的学习。它帮助教师更好地了解他的学生，并通过这种方式帮助学生培养学习能力。

所有的这些行动（以及由之而产生的无序）都引发了一些关于如何评价学习的问题。它暴露了传统考试的本质弱点，也提出了针对新评价方法的问题。这似乎是一个问题，但实际上它的提出让我们更关注新时代学习内容的设计和评价的问题。而且这个问题也能帮助我们回头反思并更好地定义新教育学。所以，现在我们的方程式中有了新型学习伙伴、深度学习和不断发展的数字创新，那么我们又应当如何评价这个复杂的合集呢？

第五章　评价高效与低效的新教育学

为了替代全面评价深度学习的新模型，许多教师已经找到了评价未来关键技能和深度学习成果的方法。这些方法已经在大量深度学习任务的案例中得以运用，学习目标和成功标准在学习任务完成之前就已被设定完成，运用评估表格可以清楚地定义每个学习目标的成功等级。

在之前的章节中，我们已经展示了新教育学（新学习伙伴，深度学习任务，普及的数字工具与资源）在释放学生、教师的能力和积极性上的潜力。我们也讨论过，当新教育学的几部分结合在一起，它们能够为教育系统提供一个更符合这个时代要求且能达到深度学习目标的新模型。但是其中的一个问题还没有提及，那就是我们如何得知新教育学是否实现了既定的目标呢？我们又如何评价和衡量结果呢？如何评估不同新教育学的有效性呢？在这一章中，我们提出了一个评价不同新教育学范式高效与低效的初步模型。

目前的情况

在我们与教师和学校领导关于新教育学的访谈中，我们听到了很多关于目前教育系统在评价学生学习成果、教师教学质量和学校绩效方面的不足。与我们座谈的教育者们一致认为，现行的评价实践和系统必须进行变革。教师们认为，新教育学倡导的深度学习不能够由传统的考试标准来评价：

我认为评估方法也需要变革。因为现在我们不能对学生在网上学到的知识进行评估。我认为学习效果是学生们能够展示出来的知识，而不是他们能够记住的，否则他们又如何解决问题，创造新事物和合作呢？

——戴安娜·菲茨帕特里克(Dianne Fitzpatrick)，加拿大皮尔中心高中，跨课程教学科技部主任①

① 详见：www.michaelfullan.ca/ontario－central－peel/

在我们所观察的大部分学校或教育系统中，我们发现唯一以责任制为导向，对学生学习成果进行评价的方法就是：检验学生对课程内容的掌握程度。

在传统教学中，我们只评价学习内容。只要我们仍然以课程内容作为评价标准，学生们就还只是学到那些内容而已。他们应该有去扩展学习内容的自由，并能够找到学习新知识的方法。

——埃丽卡·婉妮(Erika Twani)，一对一学习基地 CEO

目前的评价体系如下图 5—1 所示，图中圆圈的大小代表了各种评价可用性的不同：

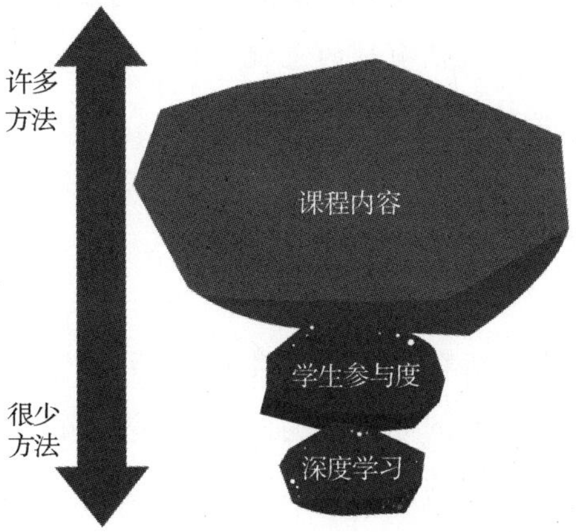

图 5—1　学生评价的可用性

新教育学的目标是从多方面提高教学效果，包括从课程内容掌握到学生参与度，再到深度学习的成效。我们需要在一个整合的评价系统中评估所有的这些因素。实际上，我们认为，通过这种结合方式对于迈克尔·巴伯爵士（Sir Michael Barber）经常提及的在传统教学和深度教学之间的错误二分化将被克服。我们十分赞同盖伊·克拉克斯顿（Guy Claxton）的说法：

……全球正在发生的趋势是基于培养有用的、可迁移的、与文化契合的"性格优势"或"思维习惯"来制订教育的基本目标；这促使更多人去探究教育以重新聚焦于"常态课堂"的方法论，而不是为了"更多的团队合作和协调"，也不是为了增加课程以强调"道德发展"或"学会学习"。在常态课堂中，对于"性格教育"或"核心能力"的考虑不应该导致对困难科目或挑战性项目的忽视，然而需要明确的是应对难题的目的是为了培养应对挑战的技能和信心。

——盖伊·克拉克斯顿(Guy Claxton)在第32届弗农墙演讲《学校是认知的学徒：构建学习能力》

理论上，经历了新教育学的学生在最后应该能够轻松应付为检验对课程内容掌握程度的标准化测试。比它更重要的应该是要评价学生各个方面深度学习的能力：（1）学生对学习进程的掌握，包括他们掌握新知识的能力；（2）学生的未来关键技能，包括他们通过合作和交流技能创造新知识的能力；（3）学生的主动性倾向及面对挑战的意志力；（4）学生的作品对目标客户或问题的影响。理论上讲，我们能够利用科技支持所有这些评价方法，但是在实践中我们所能看到的例子却寥寥无几。

评价学习成果的新方法

正如我们在之前章节中对深度学习任务的描述那样，为了替代全面评价深度学习的新模型，许多教师已经找到了评价未来关键技能和深度学习成果的方法。这些方法已经在大量深度学习任务的案例中得以运用，学习目标和成功标准在学习任务完成之前就已被设定完成，运用评估表格可以清楚地定义每个学习目标的成功等级。这些评估表格或是由学生和教师共同创造的，或是由学生设计但在教师的指导下修改完善的。在密歇根州波林·罗伯茨（Pauline Roberts）学生们的水圈“任务”项目中，每个任务都由评估表格制订了清楚的成功标准。举例来说，下面表5—1是6号任务中评估表格的一部分：

表 5—1　h2o 团队 6 号任务的学生评价表格

需要提高（0～1）	满意（2～3）	优秀（4～5）	得分
最终作品			
内容			
·一些内容不准确 ·只有 1、2 点达到任务的要求	·大部分内容是准确的 ·描述了水如何存在于地表下 ·描述了地下水如何流动和补充 ·包括 2～3 个地下水被污染的具体例子 ·列举 2～3 个不同的土地使用的例子 ·提及土地使用导致污染，但没有举出具体例子 ·举出 2～3 种地下水污染能够减少和清理的方法 ·列举 2～3 个我们应该保护地下水的原因	团队达到了任务的所有要求： ·描述了水如何存在于地表下，包括在视觉上和文字上对饱和层和潜水面的描述 ·描述了地下水如何流动和补充（运用多孔性、渗透性和蓄水层等词汇） ·列举至少 4～5 个地下水被污染的例子 ·举出 4～5 种地下水污染能够减少和清理的方法 ·列举 4～5 个我们应该保护地下水的原因	
创造性			
最终作品： ·可预见的 ·大部分是文字 ·较少的特点 ·不能吸引观众注意	最终作品： ·有一些有意思的特质 ·包含一些吸引眼球的部分 ·包含一些图片和表格	最终作品： ·有意思且吸引眼球 ·得到观众的注意 ·让听众开始思考 ·包含图片和表格	

在评估表格中，对课程知识的准确运用是第一维度，随后是对成功关键技能有“创造性”要求。这个方法提供了一种嵌入式评价框架，其与深度学习任务的特定背景相一致。

更多时候，这种基于评估标准的评价包含了对学生深度学习任务中作品质量和难度的评价，以及作品的制作过程：

教师需要在学生制作作品的过程中扮演重要角色。确保学生作品的种类和质量、学生沟通技能，及其他各个方面都要达到学生在那个年纪能够达到的水平。

——黑兹尔·梅森(Hazel Mason)，加拿大安大略皮尔学区(Peel School District)主管

我们采访过的其他教师和学校领导也提到了一些评价新教育学影响的案例和方法。对于朗达·赫尔特（Rhonda Hergott）的学生来说，最终评价包括他们制造的圆顶建筑是否有用（在现实世界里能用吗？），虽然整个进程中的每周“动脑筋”迷你评价会确保数学概念的掌握。在克里斯汀·梁（Kristin Leong）的讨论组里，学生要一直负责对其他人贡献的评价。在丹麦，梅特·豪驰（Mette Hauch）的学生要向特定的教师做关于他们文学和数学学习的口头展示，这个教师负责与学生谈话并推进其深入思考。在拉丁美洲和美国的丰坦学校（Fontan Schools）中，学生与教育者合作来评估学习进步，并把他们所学与自己的生活和背景联系起来。在圣地亚哥市

拉里·罗森斯托克（Larry Rosenstock）的高技术学校（High Tech High）里，学生作品的公共展览已经成为学校的一个传统。他说到，“你必须公开你的工作——所以举办公共展览是非常必要的。标准化的分数在现实世界中是不管用的”。每年大概有上千人会来参观他们的展览[①]。这些在新教育学中评价的例子不仅包括知识内容的掌握，还包括让学生为未来生活做好准备。

然而，这些嵌入式和真实评估学生工作的方法需要教师们具备较高的评价能力水平。这样的能力其实很难得以培养发展，尤其是在当前大多数教师们都被训练为依赖课程委员会或教材供应商设计的外部评价方法这种情况下。深度学习的评价方法也需要能够在不同的任务、科目、学校和系统中具有可比性：

设计变革评价体系的最大挑战是：能够用全新的、健康的、完善的、可理解的，及公众可接受的方法来给学生的工作评分[②]。

深度学习新评价方法有效可比性的缺乏意味着，这些方法只能在单独的项目和教室中使用，因此不能作为责任评价的工具，为学校和学校系统领导所用。在一些国家中，学校开始评价学生参与度和学校文化，并且有一些可行的工具和系统来进行这项评价，如我

---

① 通过“深度学习方法”，高技术高中的学生已经发表了64本书，有2项专利，去年该校的一个学生成为亚马孙圣诞节最佳玩具的设计者。

② Redecker and Oystein Johannessen 2013, also citing Ripley 2009

的声音系统（My Voice system）和三角调查（Tripod surveys）等。但是这种评价没有在整个教育系统开展，所以它们也没有成为能被政策制定者使用的可靠方法。这些方法也没有被整合到一个全面的评价系统中去评价教学实践、学生参与度和深度学习成果①。让评价更具本质上的发展性只是一个开始，因为它会发展学生内化反馈的能力，这很像在非学校背景中评价工作表现的方式。

我们需要发展评价深度学习成果和新教育学及学习环境的评价方法。新教育学的整体系统应该包括评价学习过程和环境的不同因素，如角色和关系，学校环境条件，学习任务设计，形成性反馈的频率和标准，学生和教师的参与度，教师专业学习，学生向具体目标进步的速度，学校领导力，系统资源和政策配套，以及学生对学习进程本身的掌控等。对于投入、产出和结果的评价都应该成为完整统一评价系统的一部分，这样才能支持深度学习。从系统和政策的视角来看，新评价系统是十分必要的。

高效与低效的新教育学

像这样的一个新评价系统应该能够对新教育学不同变量和实践的有效性进行评价。当我们被现有的、自然而然产生的新教育学的数量所震惊时，新教育学的范畴还是模糊不清的——虽然这篇文章想

① Conley and Darling－Hammond 2013

要提供一个清晰的标准。为新发现所欢欣鼓舞是很容易的，但是同时我们也很容易忽略对卓越执行力的关注。在这篇文章分析的新教育学的基础上，我们定义了实践中新教育学有效性的初步模型的几个维度。基于对新教育学的构建是在现有实践模型之上的，我们提出了包含多个评价维度的连续体，如图5－2。

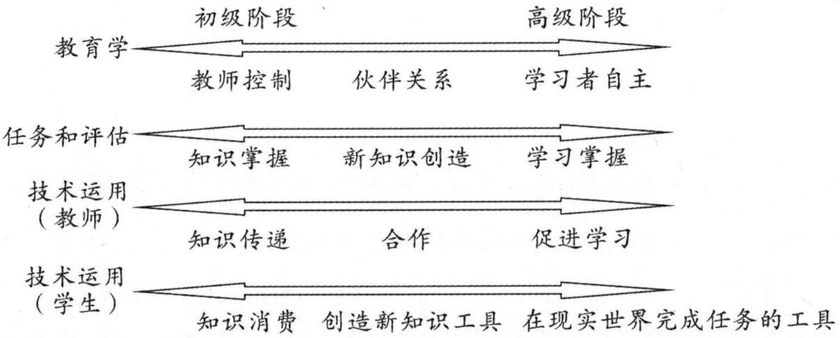

图5－2　新教育学有效性的连续体

在这个连续的系统中，更高效的新教育学具备右侧高级阶段所描述的特征，而中间阶段是发展的必经之路。在这里，教师是学生的学习伙伴，不断地激励学生在他们学习的路上前行，帮助学生更清楚地认识他们的学习目标以及他们在实现目标的过程中的行动表现。这使得学习者更加自主，但教师是必要的学习伙伴。学习任务从掌握知识转化为创造和运用新知识，进而影响现实世界。科技被用来帮助教师看到学生的学习进程，允许学生有目的地创造和运用新知识。总结起来，如下表5－2所示。

表 5—2　高效与低效新教育学的对照

高效新教育学（需要高水平的教学技能）	低效新教育学
• 学生和教师建立联合学习关系 • 长期深度学习任务；跨学科；复杂、独立任务 • 深度学习任务有明确学习目标和评价成功的明确标准 • 让学生来控制和选择他们的水平，逐步建立学生掌握学习进程的能力 • 持续的，有效的反馈；针对学习目标结构化的评价 • 运用数字工具和资源支持深度学习任务，帮助学生掌握学习进程。分析进程数据以促进教学和学习策略的变化	• 学生自主权太大 • 一个单元或一课的短期任务；没有跨学科 • 学习目标或成功评价标准不明确 • 在学生能够有效掌控学习之前给学生太多控制和选择 • 无效反馈或只在任务最后做总结评价 • 只运用数字工具和资源来传递知识和记录进步，没有改变学习或教学策略

有效的新教育学应该帮助学生逐步发展成为独立自主的学习者，能够有效设计、追求并达到他们的学习目标和个人期望，同时也完成课程的学习目标。但是这个过程并不是自发完成的。如约翰·海蒂（John Hattie）描述的那样，教师的最终目标，是“帮助学生成为他们自己的教师”①。在采用新教育学的学校中，我们看到这种学习过程的可见性正在成为常态的实践。英国塔什网络学校（Saltash.net School）副校长丹·巴克利（Dan Buckley）描述了几

① Hattie 2012

年前塔什社区学校一个由学生主导的评估系统。每年学生有两天实践时间来收集他们的数据，通过收集评价分数、采访伙伴和教师，并反映他们的工作与进步。然后他们向听众（包括他们的父母和教师）展示他们的个人进步，说明他们擅长什么，他们今年的学习目标和期望是什么，他们怎样实现了目标，并指出他们的下一步工作规划。丹·巴克利指出，结果是“学生给自己设置了更高的目标，比教师或者我都还要高”。这样的实践——是新教育学的核心——释放了学习的更高标准。当高标准被由学习伙伴发展而来的高水平自我认知所支撑，更成功的学习成果是必然的，正如迈克尔·巴伯爵士（Sir Michael Barber）十年前说的那样（如图 5—3）：

		自尊 低	自尊 高
期望	高	士气低落	成功
	低	失败	自满

图 5—3　**期望与自尊**[①]

总之，新教育学必须形成新的评价方法，这种方法能够评价新的学习成果，以及导致这种学习成果的过程。试对所谓脱离实际教学实践的 21 世纪的学习技能进行了评价后仅能起来有限的作用。我们希望在这个领域有更多的实际行动，在此我们提出三个变量组应该成为这项工作的核心：（1）对深度学习成果的新评价方法；

① Barber 1997

（2）识别和评价能够产生新成果的教学伙伴的本质；（3）考虑何种政策和策略是能够产生新教学伙伴的必要条件。我们正在回顾、发展，并在1000所学校里运用新教育学的评价方法①。总之，当一些新的变革有所起色的时候，我们亟须新的评价系统来支持这些工作。

讲到低，新评价方法只是处在发展的最初始阶段，它将是我们在不远的将来要面临的主要挑战。从这个意义上讲，制造新教育学的例子比想办法评价它们更容易。但是，这两个方面——新教学创新和对学习的评价——必须携手共进。因此，变革下一阶段的标志将是甄别和发展评价深度学习的成果和产生这些成果的教学的方法。

① 详见：www.newpedagogies.org

第六章　新型变革领导力

教育者被他们学生的学习所激发——当他们看到时，他们更有动力。

——埃丽卡·婉妮(Erika Twani)，一对一学习基地 CEO

在之前的章节中，我们探讨了新教育学的三个核心组织部分——学习伙伴、深度学习任务和数字工具，它们都有潜力来转型学习。学生通过向生活学习并完善生活而成为终身学习者。从某种意义上讲，任何人在利用所拥有和产生的资源做有意义（商业上、全球公平或其他领域）的事情的时候都是一个创业家。这些都在新教育学下发生了，新教育学在学习的同时创造着新事物。在这章里，我们要探讨如何在整个教育系统中快速实现这个目标。这需要一个与众不同的变革历程，一种不同的领导方式。对于领导者来说，新的角色是什么？支持新教育学有效应用的条件有哪些？我们需要注意，这些要在一个大的范围内发生——整个教育系统。让我们先看一个已经开始变革的教育系统。

位于多伦多附近的安大略省皮尔学区教育局管理着正走在整合教学和科技道路上的250所学校和15万名多样化的学生。他们的起点很平常——无聊的学生，以及在挫折中远离的教师们。2011年之前，这个学区仍然只是一个处于传统教学模式下的系统，依靠传统教学模式进行着不均衡的实施计划。

一个新的中心式领导模式进入了视野，它跟学区和学校领导的产生联动。而那些学区和学校领导们已经为改变做好了准备，虽然他们并不知道迎接他们的将是什么。学校领导开始寻找那些已经开始和学生一起做些有意思事情的教师，还有那些愿意朝新方向前进的教师。

学校董事会通过了携带个人设备政策（Bring Your Own Device,

简称 BYOD)，并要求学校和系统来推动实施。这是破坏性创新阶段的开始，校长们最初的反应不一。在一些学校，新型谈话——现在是面对面或在线方式——发生在教师和学校领导之间以及学校和学区之间。在这些学校中，学生和教师的教学角色开始变革，这让人们对正在经历的变革感到兴奋。一些教师改变了他们想要离职的想法，学生也开始以从未有过的态度热爱学校。然而，其他学校校长和教师则感觉不那么踏实[①]。

新型变革领导必须在动态变革的条件下运行。我们觉得这个过程包含：方向性愿景、放手实践、操控循环渐进三个阶段。这样的领导必须对各种想法有开放的态度，却不需要在开始阶段就有具体的计划。当“邀请性阶段”开始的时候，不同层面的领导者必须支持人们在不确定条件下进行新的探索。从这个意义上讲，领导人在“放手实践”新想法和实践，而这些都是快速发生的。在发展的过程中，领导人需要帮助其他人来识别、定义和传播那些有效的方法。这是我们从未见过的变革过程，其中的一个主题是快速地融入越来越多的合作者。

① 详见：www.michaelfullan.ca/ontario－peel－district－school－board/

新型变革历程

皮尔学区的重要性在于它是一个有着许多学校的学区，但是这些学校并没有突出的资源。作为一个团体，他们代表了典型的以政府财政为来源的公立学校。皮尔的案例凸显了新型变革领导面对的挑战，这就是我们所谓的内在变革。内在变革是指变革几乎是自发产生的。我们说“几乎”是因为，就像我们即将看到的那样，学校领导所扮演的角色和他们所推动的条件都是十分必要的。在适当的条件下，内在变革可以更快更容易地发生，比我们以前在更复杂系统里看到的还要快。这就是新教育学变革过程所与众不同的地方：它更快，因为它的基础更自然、更符合人的本性。它建立在人类的需求上，因为人要做一些有意义的事，并且在社会环境中去做（例如在团队中）①。对系统动态变革最贴切的比喻是“积极的蔓延”（positive contagion）。我们看到变革正在发生，虽然是在不同的阶段和不同的环境下。在人们已经准备好的系统中，创造变革所需的必要条件是可能的，因此巨大的改革并不需要 50 年的时间。对于一些学校来说开始实践只需不到两年的时间，就像我们在皮尔学区这个例子中看到的那样。我们预计，致力于深度学习的新教育学在下个时期将会快速传播，因为我们在这篇文章中提到的几种力量正在融合，如图 6－1。

① Pink 2009；Brooks 2012

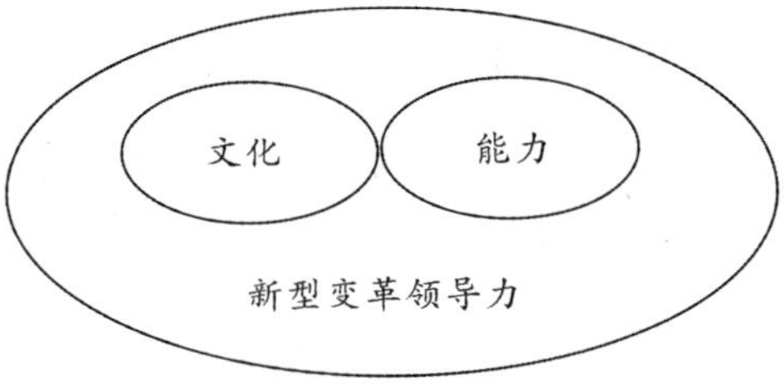

图 6—1　新教育学如何传播

内在变革是有效的，它能直达每个人，具有内在驱动力，培养团队的所有权，并具有内在的可持续性，它是复杂人类系统的有机变革。有机变革的模型是有用的，因为在有机系统中，在适当的条件下，变革能够快速传播，现有系统能在短时间内快速改变。在教育系统中，当适当学习的条件已万事俱备，系统中的学生、教师和利益相关者应用新教育学就是自然而有机的过程了。但是教育生态系统的条件和能力决定了变革发生的难易和速度。领导力、文化、问责制和评价手段、专业学习、数字资源和整个系统的政策框架——这些都是影响着新教育学传播速度和有效应用的关键条件。在下文中，我们会更加详细地描述这些条件，包括领导者在这个过程中的作用。

变革的催化剂可能有不同的来源。在我们的观察中，新教育学在三个条件同时存在的情况下发生得最快：(1) 学生的不投入、教师的背离和领导者问责压力的汇合；(2) 在学校之外，学生通过科技能够获得大量的信息和想法；(3) 新科技的投资与新政策已经着手或已经在学校系统的考虑之中。从安大略湖到塔斯马尼亚岛，再到哥伦比亚，在世界不同地区发生的新教育学既让人兴奋又让人迷惑。与过去不同的是，今天学校存在的外部条件对于新教育学（学习伙伴，深度教学任务和普遍的数字资源）的汇合是十分有利的。我们在上文提到过，学校外普遍的科技改变了传递和掌握知识内容的方式。同时，组织模型也从官僚命令和层级统治逐步转型为支持新教育学并聚焦于掌握动态的学习过程。

多年的研究显示，教育系统内有很多众所周知的变革障碍[①]。一个最经常被提及的障碍是教师对采纳新方法和新工具的抵制（研究表明这种抵制的背后其实有很多原因）[②]。这就是教师和学生之间新学习伙伴所产生影响的地方。我们的同事英国塔什网络学校（Saltash.net School）的副校长丹·巴克利（Dan Buckley）告诉我们，学生的呼声能够促使教师采用新教育学。塔什网络学校因其创新地整合科技而国际闻名。然而，并不是所有的教师都支持科技，一些教师极度怀疑数字工具对学习的支持作用。丹·巴克利很关注如何让每个教师（不管有多犹豫），都开始运用并整合科技。作为一个有思想的领导者，他想出了学生驱动模型。他给一些班级的每个学生都配备了一个电子设备，并要求只有教师才能够要求学生在课堂上使用该设备。他也成立了一组“学生专家”，让他们来观察学生如何利用科技来学习，并评出最佳的方法。令人惊奇的是，这组评选出的最佳方法之一来自一位以抗拒科技而著名的教师的班

① Mehta et al 2012

② Groff 2008

级。当学生提出要运用电子设备时，她的反应是两手一摊并说道："我不知道怎么去用这个。你们自己想办法吧。"于是学生自己开始探索。她完全放手让学生运用科技，让他们运用科技来应对学习的挑战。学生想出来运用科技来学习的方法着实让她震惊，让她看到了这些工具拓展学习的潜力，也看到了学生参与到学习过程设计的巨大潜力。她随之成为学校里让科技和学习伙伴促进学生学习的积极倡导者。像丹·巴克利说的那样，如果学生不被要求使用设备，那位教师可能从未想到过要运用科技，正是学生学习的愿望说服了她。

我们也听过新教育学有机传播的例子，也就是教师在学校中说服同事来尝试新的方法。在这些案例中，一个教师尝试了能够让学生融入学习的方法，这种兴奋随之成为学校里其他教师使用新方法的催化剂。这样的案例就发生在密歇根波林·罗伯茨（Pauline Roberts）h2o 团队项目中和加拿大朗达·赫格特（Rhonda Hergott）圆顶建筑项目中。在看到学生在项目中的投入度之后，朗达（Rhonda）说："大量的教师都对九月的到来感到很兴奋，因为到那时全校都会参与到这种方式的学习中。"从幼儿园到 8 年级，学校每个年级都开始着手于新教育学。在朗达的学校，学校和学区领导都十分支持教师。校长看到朗达（Rhonda）在圆顶项目中的做法，并"对正在发生的学习过程感到惊奇"。于是校长把这个案例告诉了其他教师和领导者。朗达对此这样解释：

校长李·安妮·安德列斯十分支持我冒这种风险。一些教师可能愿意去做,但他们担心他们的教学质量的分数(此处指安大略省教育质量与责任办公室的评估分数,Education Quality Accountability Office,简称 EQAO)——标准化的测验。我认为学生在项目内六周的学习内容要大大超过准备 EQAO 而进行的学习。校长给了我很多帮助,对学习模型提出了专业的意见。如果没有校长的帮助,我可能还是会进行尝试,但她的帮助让这个过程更容易了……

当教师看到新教育学在学生中起作用,认识到新方法对教学的巨大作用时,新教育学的传播就会自然发生。同时,上文的案例也说明了,在教育生态系统中,领导和学习条件能显著提高更广泛的变革。

所有这些案例说明了新教育学传播的内在变革模型是不尽相同的,因为变革来自各个层面。教师和学生之间的学习伙伴,教师对其同事的影响以及领导者营造的学习条件都汇聚起来影响着变革。我们看到的区别是,许多变革正同时发生,并通过不同的渠道传播着。

领导者的新角色及有利于新教育学的条件

就像教师和学生的角色在转变一样,学校和教育系统的领导者角色也在转变。在下面的表 6－1 中,我们强调了领导者培养和有效应用新教育学中所扮演的关键角色。这些角色与领导者所影响和培育的新教育学便利条件相匹配。当更多的条件出现了,新教育学就有更多的可能被有效并持续地实施。

表 6—1　领导者新角色和有利条件

	领导者角色	有利条件
文化	· 培养对变革的道德承诺；建设“肯定文化”，鼓励变革 · 鼓励风险承担：非评论性地姿态，尤其在最开始时；开放性的讨论出现的错误 · 不断地发展、定义和交流新视角 · 影响而不是控制变革 · 尝试合作：利用团队来改变团队 · 成为学习者楷模	· 为变革做好准备，对新可能性开放 · 分享道德承诺 · 即使未成形，也要有共同分享的愿景 · 学习型领导文化，并对所有人保持高期望 · 合作的文化
能力	· 使新实践可见并透明 · 在工作中合作发展支持学习的方法 · 提供并接受指导和专业学习 · 找到提供科技的方法 · 成为学习伙伴，指导数字工具和资源的运用，但不必要成为专家 · 帮助评价深度学习新实践的影响	· 达成目标的计划 · 评价进程的方法，从工作中学习 · 构建教学能力和产生新观点的专业学习 · 与整个新框架融合的科技 · 整个系统框架

我们把这些角色和条件以“文化”和“能力”来划分。这两种类型都需要在复杂的系统中深度且持续地变革[①]。我们从领导者如何影响未来方向和文化入手，然后再探讨创新和能力建设的要素。最开始要表明一点：我们所观察到的新教育学变革既不是自上而下的也不是自下而上的。它实际上两者都是，同时又是向周围发散的。想法和能量既可垂直又可水平流动。不满的情绪在底部和顶部积聚；新活动开始出现；有力的新催化剂出现了（如数码工具的可及性）；新形势的互动有所突破；在顶端和低端的领导者都认识到，并以直觉做出反应，开始是分别反应，然后协同进行；随后行动开始了。领导者的角色是同时帮助组织机构进行“放手实践”和“控制过程”。

学习型领导文化

通往成功变革之路的第一步是在走向新可能时心存一个“什么是可能的”和“愿意往哪里去”的指向性愿景。学校和系统文化都可能具备支持新教育学传播的特定因素。但是，新时代的领导人必须有对未来的愿景，并向团队展示出来。培育一个学习型领导文化意味着理解和支持学生和教师需要拥有他们自己的学习的意义。加拿大的一个校长这样描述：

---

① Fullan 2010；Barber et al 2010；Kay and Greenhill 2013

我需要退两步,这样教师和学生才能前进三步。

——安德里亚斯·迈耶(Andreas Meyer),加拿大 WG 戴维斯公立学校

另一个校长说道:

我只是努力创造一个肯定的文化环境。这听起来是个小事,但其实不是。这是很大的一件事。

——劳伦斯·德·迈耶(Lawrence De Maeyer),加拿大安大略省皮尔中心学校

有时,领导者是这个过程的强劲推动力。学生、教师和领导者都在引领自己的学习,此时,领导力成为系统中每个级别的期望和标准。在这种文化下,积极的人际关系,鼓励和信任都变得越发必要。所有的利益相关者都参与到发展和维护学习的社交环境中。他们认识到并肯定对富有爱心的、支持性的环境的需要,在这种环境下,鼓励、领导力的分享和非惩罚性的反馈都是司空见惯的。我们访谈中的许多教师和学校领导者都提到了这方面:

领导力也在迅速的变革——领导在教师中的角色在改变。教师被授予权力。教师们不想在职业发展上有通用的标准,他们要发出自己的声音。在我这里每个人都是教师领导者。我们想办法让每个人都具备领导力。这是伙伴关系,而不是命令。

——波林·罗伯茨(Pauline Roberts),美国密歇根州 5、6 年级教师

这种伙伴式学习模型串联扩展到学生、教师和领导者中——他们共同学习也向彼此学习。当领导人塑造了这种环境，领导力并不是从上而下的，而是发自组织内部的。詹姆斯·邦德（James Bond），加拿大安大略省梅纳庄园公立学校的校长，描述了教师们如何共同发展学习实践：

(过去)我们进行教师发展的活动时,他们都按照不同的知识领域、专长和不同的有效策略各执己见。所以一个大问题是如何让他们享受彼此学习和分享的过程。我非常相信在一个学校或系统中有的是专业知识——如果你让人们联系起来并彼此学习。这是我们重点关注的。

——詹姆斯·邦德(James Bond),加拿大安大略省梅纳庄园公立学校校长①

学习型领导文化培育了对教与学更高的期望。阿拉斯加州重塑学校联盟（Re－Inventing Schools Coalition，简称 RISC）的项目向我们展示了：当学生对学习成果有明确的期望时，给予他们学习的

① 详见:www.michaelfullan.ca/ontario－park－manor/

责任并在过程中给予支持，他们会在更短的时间内取得更显著的成果①。当学生为自己的学习设下目标，教师们将会看到学生可能达到的成绩，学习的天花板被去除了。没有人再被标准课程中所设定的一年内目标所束缚。

合作文化

培育合作实践和有目的性建设社会资本的学校或系统是新教育学的繁荣之地。特别需要指出的是，教师孤立地教学在那里是不会出现。但是，并不是所有的地方都能以高水平的合作开始。在一些案例中，领导者的一个重要角色就是展示并塑造合作性的实践，客观地评价每个人的参与程度，尤其是在最开始的时候。在我们所见的有效传播新教育学的案例中，教师和学校领导都融入持续的、合作性的、对方法有效性和如何进行改善的评估中②。这些过程都是谨慎设计的，然而开始时的混乱通常不可避免。但是，让我们从梅纳庄园学校的视频片段来看看都发生了什么③：

在加拿大安大略省梅纳庄园公立学校中，四个教师围坐在一个桌

① DeLorenzo et al 2008

② 详见：www.edu.gov.on.ca/eng/literacynumeracy/inspire/research/CBS_Collaborative_Teacher_Inquiry.pdf

③ 详见：www.michaelfullan.ca/ontario－park－manor/

子旁，这里是他们的“员工学习分享中心”。房间的墙上都贴满了学校里每个学生的“学生便条纸”。每个学生的页面都以颜色标记出学生在课程中的成绩和挑战，来自不同教师的便笺都附在这一页的后边。任一教师都可以进入这个房间，并对他们的学生有一个清晰快速地直观认识——并能够知晓在他们课堂上努力的学生在其他教师那里是否也取得同样的成功。教师们经常会分享教学策略，讨论哪些策略可以让孩子融入其中，而哪些则无效。

通过这样的合作，教师们发展了实践理论，分享了影响学生的想法和策略。一个合作文化降低了教师的孤立，同时鼓励了更大的冒险。在有合作文化的学校和系统中，尝试新方法的风险被分担了。当领导者支持承担风险，更重要的是，接受开放地讨论错误，合作文化开启了从错误中学习的模式。

首要的事情是，有一个学校领导给你机会去尝试并接受失败——这是最重要的。当一个教师尝试新方法，他们会害怕如果失败了家长会打电话来抱怨。教师需要知道有人会支持他。

——凯莉·埃瑟里奇(Kelli Etheredge)，美国阿拉巴马州圣保罗学校10年级教师

学生们在应对挑战之时能培养勇气和毅力，教师和领导者也是如此。虽然对新教育学感到非常兴奋，但这仍是一个困难的挑战。伙伴、反馈、在行动中学习——所有这些因素都在学校和系统层面应

用，并被合作文化所支持。最后要说明的是，合作是集中的、具体的且有目的性的。它正是聚焦于需要形成的新教育学。

这些积极的发展至关重要，尤其对于美国最近问题重重地朝着教学微观管理发展方向来说。学校领导并不是要以一对一的方式尝试和影响教学，而是要培养和发展合作文化，利用团队来改变团队，正如我们所说的那样。

把握愿景和建设共同承诺

领导者在新教育学传播过程中所扮演的最重要角色之一是不断地发展、定义和交流新的愿景。这不是一个或一小群领导编造故事并讲给其他人，这是不停地与教师、学生和社区利益相关者一起建设共同愿景，合作起来对概念达成共识，在愿景达成的过程中识别并分享有助于愿景实现的例子。

故事和案例的分享超越了学校和系统的边界。一些学校和系统为了更广泛地分享案例而开发了在线平台。如前文所述的高技术学校（High Tech High），其运用了大量公共展览中的学生工作，这些扩大了对学生学习成就可能性的认知。

在文化和能力构建中，领导者的一个必要角色是考量学校或学习团体对变革的准备程度。每一个教室、学校和教育系统都处在发展的不同阶段，都要面对自己所身处的特殊背景环境[1]。对于一个

---

① Mourshed et al 2010；Day et al 2011

面临学生暴力问题的学校，合适的起点可能不是聚焦在风险承担上，而是在信任的建立、学生声音的表达和责任的分担上。对于低水平教学能力的系统来说，发展教师教学能力也许是这个过程的第一步。我们这里呈现的观点并不是作为统一的标准，而是提供一个供参考的理论框架。在变革的过程中，学者和学习团体可以借鉴这个理论框架。我们下面将要谈到，不断的自我评价是有效实施的基础。自始至终，新模式下的领导者必须有广阔的视野，开放性地邀请大家来进行新方法的探索。这样的领导是非武断性的：他们认为犯错也是可以接受的，他们想要教师来领导这条路。随着经验的积累，他们也会帮助团队来评价针对下一阶段的有效方法。

能力建设

有三种能力支持了新教育学：

（1）新评价手段的本质和应用；

（2）新教育学的不断发展；

（3）随处可见的科技提供。

评价和从工作中学习

> “新评价方法应该是新教育学有效实施的必要条件。”

在之前的章节中，我们针对实践中的新教育学讨论了教师如何发展针对特定深度学习任务的评价新方法。我们重点强调了新系统评价方法的重要性。实际上，新评价方法应该是新教育学有效实施的必要条件。这里，我们要讨论系统层面的评价方法，这是由学校和系统领导决定的。我们需要新的评价方法，不仅评价学生的深度学习产出，也要评价教学能力及文化和系统能力。这些评价方法要包含教师和领导者的新角色，上文提到的文化因素，教育者的专业学习层次，以及系统整体能力、资源和联盟（地区或省，州或国家）。改变评价的内容以及学校和系统评价的方法能大力支持新教育学可持续地扩张，但是这样的评价方法应该谨慎构建并与地区环境相适应[①]。

正如我们之前讨论过的，评价经常以问责为目的而单独使用，而不是作为支持学习、透明度和系统成长的工具[②]。对于问责过多

① Fullan and Langworthy 2013

② Fullan 2011

的关注则会扼杀创新。这些是今天所有教育系统领导者面临的主要问题[①]。约翰·海蒂（John Hattie）写到“可见的学习”意味着教师和学校知道学习策略对学生的影响[②]。学校和系统需要对什么是有效的方法有同样的洞察力，就是我们所说的“从工作中学”。如果没有对整体系统愿景和目标的明确评价方法，这将是极大的挑战。发展和运用评价方法使参与者有了共同的语言，这又能为变革提供意义、合理性及道德动力。

在问责系统中运用的评价内容需要更新来匹配新教学实践和深度学习任务。正如新加坡新月女子学校校长谭陈凯（Tan Chen Kee）所说：“评价真的要马上改进——否则对教师来说是巨大的挑战。”其他人也有着类似的感受：

> 认为对于高利害的测验，教育质量与责任办公室（EQAO）是非常好的，但是它没有跟上我们现在教与学实践的脚步。
>
> ——肖恩·莫伊尼罕（Shaun Moynihan），加拿大安大略省皮尔学区（Peel School District）课程教学主管

> 教师们更多为国家考试做准备，而不是做那些对学生好的事情。创新是不容易的，因为结果可能立即就会反映在国家考试上。
>
> ——路易斯·费尔南德斯（Luis Fernandes），葡萄牙弗雷舒学校联盟（Freixo School Cluster）主管

① Mulgan et al 2013

② Hattie 2012

教育系统的领导和更多的大众会慢慢认识到现有的评价系统是变革的障碍，但是找到解决方法还有很长的路要走。美国州立共同核心标准（Common Core State Standards，简称 CCSS）的新评价预示着取代完全聚焦知识内容方式（现状尤其如此）的可能性。但是很多人也认识到，需要有其他的评价方法来更好地支持实践中的深度学习①。

发展与新教育学和深度学习的远景、目标相对应的新评价方法并不是极为艰巨的任务，也不应该作为单独的任务。在之前的章节中，我们列出了新评价系统所具备的特性，这些特性是易于实施的。一个全球性的、由多合作伙伴参与的“为了深度学习的新教育学”项目（我们也是其中的一部分），已经开始了这项任务，并且其中很大一部分努力都是为了动员整个教育系统朝深度学习方向发展。在这项合作项目中，我们也正协同合作发展新评价方法，包含收集和分析深度学习任务和学生工作；评价学生参与度、态度和倾向；评价学习条件，如教师的观念和实践；学校和系统的文化和能力。这种努力是建立在评价方法应该首先支持的学习之上，然后再评价学习过程的投入和产出的前提之下。前期的研究表明，学习活动和学习环境的本质和质量都与学习产出有关②。并不是每个系统都达到了可接受和可整体实施新评价法和问责方法的阶段。我们会看见，系统变革的持续从现有的评价方法开始，逐渐转为双重方法，最终进入

① Conley and Darling－Hammond 2013

② Dumont et al 2010；ITL Research 2011

能够完全嵌入并支持新教育学和深度学习产出的评价阶段。

新教学能力

新评价方法本身并不能改变整个系统。新评价方法必须与教学设计和实践中的真实变革结合起来。教师和领导者之间专业学习的质量和本质是有效实施的必要因素。专业学习有两个必要组成部分：日常学习以及与教学工作相关的政策和策略。考虑日常学习最快的方法是提问："下列三种策略哪种对教师学习是最有效，正式的、不定期的教师专业发展项目，还是教师评价或合作文化？"教师专业发展项目看上去似乎是一个可能的答案，然而它本身并不是一个强效的学习策略。一个或多个专业发展项目课程并不能带来变革，即使所有教职工都参与其中。专业发展项目只是一个变量。专业发展项目之间发生了什么才是更重要的。教师的评价甚至更无效。一年两个或三个（最多）评估怎么才能带来变革呢？这是墨菲（Murphy）、海林杰（Hallinger）和赫克（Heck）在他们的研究《遗失的衣服案例》（*The Case of the Missing Clothes*）[①]中所提到的观点，迈克尔·富兰也从领导者的视角在新书《校长》（*The Principle*）[②]中描述了这种情形。至于合作文化，40 年的研究表明，持续的聚焦合作会产生全校性的学习，这是在情理之中的。如果教师

① Murphy，Hallenger and Heck 2013

② Fullan 2014a

每天都在一起学习（学习就是工作），这当然会带来改变。我们的结论是，发展学习文化是首要的任务，专业发展和教师评价是辅助的，而不是驱动力。专业学习应该被设计成整体的、持续的形成性反馈循环，以不间断的合作为中心。

领导者在专业学习中如何着手、参与和合作是至关重要的。在有效专业学习的案例中，我们看到领导者在学习中真的是学习伙伴——与教师、学生、其他领导者和广泛的利益相关者群体共同学习。他们培养特定的专业学习，大部分包括：（1）合作性，社会性学习；（2）与本地背景环境相关的；（3）对学生学习产出的影响分析（如专业学习受明确学习目标和成果标准指导等）。专业学习是建立在实践基础上的，聚焦于应用而不是问责。如果这听起来像是新教学工作如何支持深度学习，那是因为的确就是这样的。这个工作拓展了教师的教学策略，发展了探究式的教学方法，以分析学生的工作和进步来挑战教学策略，这样也提升了教师的教学能力。在第二章中我们谈过，这支持了教师的新角色。所有的这些显示了教学职业本身的根本性改变，这一点安迪·哈格里夫斯（Andy Hargreaves）和迈克尔·富兰在他们《专业资本》（*Professional Capital*）一书中曾描述过[①]。

新加坡、芬兰和加拿大已经在过去的几十年中以更广的方向发展了教师专业群体，由此它们在发展新教育学的必要能力上处在了一个较高的水平。至少在美国，这还不是现有政策的方向。现有政

① Hargreaves and Fullan 2012

策仍然专注于教师的职业评价上。我们认为，专注于评价不能构建教师的专业性，实际上是弱化了教师的专业性。雅尔·梅塔（Jal Mehta）为我们提供了一个更全面的例子[①]。他认为，有效的专业性依赖于：(1) 谁来负责规划；(2) 是否能发展成为积累的知识基础；(3) 如何确保知识是持续运用的；(4) 以上三点如何整合为一个包罗万象的问责系统。他总结道，这项工作是要改造教师作为“官僚作风的职业”，让它能够吸引、产生、支持、激励典型的教学专家，如学习过程专家。

发展教学专业并不容易。教育学院是一个很好的起点。基尔斯蒂·洛卡（Kirsti Lonka），是赫尔辛基大学的副校长，也是研究和发展芬兰教师大学培训的教授，她在我们的访谈中说道：

> 教师教育非常传统。大学中的教师培训应该具备如同在学校之外的项目导向的学习和工作环境那样。比如，医学院学生在医院中培训。可教师他们不知道今天人们如何工作……这是个大问题。培训本身就是说教式的。那些培训教师的教授也在做讲座。
>
> ——基尔斯蒂·洛卡(Kirsti Lonka)，赫尔辛基大学副院长、教授

师范类学校需要在教师培训经历中塑造深度学习能力。

我们看到过也参与到过把新教育学和深度学习核心想法付诸实践的专业学习中。玛丽亚（Maria）参与过一个嵌入新教育学理念的

---

① Mehta 2013b

专业学习项目，叫作“21 世纪学习设计”（21st Century Learning Design，简称 21CLD）。这个专业学习项目由创新教学研究（Innovative Teaching and Learning Research，简称 ITL Research）项目发起，由微软学习合作伙伴资助，与斯坦福国际咨询研究所（SRI International）合作发展。21CLD 为教师小组提供一套分析学习活动的准则（从传统课程计划到各种深度学习任务等）和相对应的分析学生工作的准则。每个准则提供了明确、具体的评价特定能力进步的指标，如问题解决、知识构建和自我约束等。教师以小组开始工作，运用准则分析和编码他们自己的学习活动，然后共同重新设定他们的学习活动以达到更好地完成深度学习任务。随后教师用新设计的学习任务测试他们的学生，并把其影响与整个小组分享。这个过程变成了通过不断地合作、收集分析对学生学习的影响来重新设计学习任务的循环过程。21CLD 由此为教师提供了一个结构化的实施深度学习任务的方法[①]。

21CLD 准则和项目为教师搭建了新教育学理论和实践的桥梁。项目在国际上快速传播——从芬兰和澳大利亚到塞内加尔和文莱。在一个采用了 21CLD 的新加坡学校中，校长解释道：

教师最关心的是什么对孩子们来说是好的。我们的教师看到让孩子们“为工作做好准备”的需要，不仅仅是为下阶段的读书做好准备。教师们相信新能力和深度学习，并不只是为了通过考试。但是学

① 详见：http://itlresearch.com/itl－leap21

校里那些紧急的事情总是被放在最前面。他们都赞同基本原则和需求，所以他们需要支持，也需要时间来采取行动。这样 21CLD 就成为一个有效工具——它给了他们一个明确的方式来重新设定学习活动；而且它是一个运用起来很简单的工具。

——谭陈凯(Tan Chen Keep)，新加坡新月女子学校校长

其他的专业学习方法和项目，如课程研究、伙伴教学、教师会面和专业学习团队，都能够培养支持新教育学的合作与学习伙伴关系。关键是要使项目的内容和结构以新教育学的核心组成及深度学习产出为导向。尤其是行动研究和探究式方法对这类专业学习可提供优秀的模型。

无处不在的科技

新教育学的第三个关键能力，是关于如何从学校和系统角度来让科技服务于深度学习。整个系统内数字工具和资源的有效实施不仅包括把它们作为学习伙伴和深度学习任务的一部分，还包括学校和系统领导人寻找成功实施新教育学的适用条件，和对随处可见的数码资源进行了投资。如果没有广阔的视角和能力，每个人在设备上的投资就不会产生相应的学习成果。然而，我们已经看到科技在公立学校和教育系统中成果整合。我们在此分享一些案例，我们将看到在购买数字工具和设备之前具备了视野和能力会发生些什么。

当学生每人都有自己的设备、完全接入数字学习应用和资源、

作为深度学习任务的一部分有探索和运用这些要素的自由时，学习将被大大地扩展。为了最大化对学生学习的影响，科技整合需要配套的“促成器”(enabler)。系统不能单纯地给每个学生购置设备，然后期望新教育学和深度学习由此发生。学校中的科技改变了教学条件，但是并没有由此改变教学实践。有效的科技整合需要很多要素：数字资源需要与学习和课程目标相匹配；科技培训员工和专业学习要以构建教学能力为中心；高速的互联网接口；整合性的评价与进程监控系统；运用从工作中不断学习的报告机制；与家长和利益相关者的交流；安全和隐私保护的基础设施；对设备的支持及维护以及数字公民权的政策。这些项目的成本将在下一章中讨论，但是我们在这里要说的是，当计划完美地制订好后，投资的回报也是巨大的。

科技与新教育学其他因素整合的最好例子是当学校和系统——而不是单独的教师或教室——开始进行整合。美洲和西班牙的丰坦学校已经运用科技作为支持学习伙伴的工具：

> 科技扩大了学习的范围。我并不是在谈论虚拟学校。科技使我们的方法有效运用，但如果没有人和人之间的关系(在教育者和同事间)科技就不会起作用，要知道每个学生都是单独的个体。我们与学生一起让科技人格化。
>
> ——埃丽卡·婉妮，一对一学习基地 CEO

在以丰坦关系教育为模型的学习里，每个学生都有一个电子设备，通过电子设备他们能够获得课程材料并单独或与同学一起开展深度学习任务。通过系统的在线平台 Qino，学生、家长和教育者能够获取学习材料、进行合作、交流并管理学生的学习计划和项目——他们能通过使用互联网接口在任何时间、任何地点完成这些事情。

对于考虑到数码普遍使用的学校和系统领导人来说，最大的问题包括个人设备、内容过滤及家长许可。BYOD 运动已经在很多学校和系统中开始，允许那些有自己笔记本电脑、智能手机或平板电脑的学生带设备来学习，把设备作为学习体验的工具。这些项目面临着学生公平性的巨大挑战，并不是所有的学生都有对数字学习资源同样的或相似的可及水平。这个挑战对于高度经济不平等的社会和学校学生群体显得尤为突出。在这样的环境中，BYOD 政策的实施必须十分谨慎，确保不要加剧贫穷学生的困难。一些已经开始这个项目的组织通过学校或体系为那些自己没有设备的学生提供资助来应对这个挑战。

在我们与实施 BYOD 项目领导人的谈话中，十分明确的是，开始这个项目并不仅是政策和资源的决定，也是强大文化变革的表现。在加拿大安大略省皮尔学区，当领导者团队在学校校长和教师的一个会议上宣布新 BYOD 政策时，获得了观众持续的掌声。

大家的感情是显而易见的。这回到了合作学习的姿态——这就是你需要的。你需要自由、乐观，并知道实验是可接受的，这就是我们如何学习的过程。

——肖恩·莫伊尼罕(Shaun Moynihan)，安大略皮尔学区课程教导主任但自由伴随着责任。当学生获得在全球范围内获取信息和交流想法、意见的工具时，这种对数码工具的使用必须以道德上的责任感来加以制衡。在赋予学生设备的同时，学校需要开展数字公民的教育项目，明确地提供合理运用科技地指导。[①] 教师和领导人都说，尝试限制或控制使用是无效的，而培养数字公民意识则更现实一点：

> 我们与不合理运用科技的孩子谈话，并指导他们对科技的运用更有建设性。想要试图阻止它就像想往大坝里插入手指一样。
>
> ——波林·罗伯茨（Pauline Roberts），美国密歇根州5、6年级教师

> 在高度限制的学校环境中，学生没有机会培养如何合理使用科技。一个开放的学校网络，配合合理使用的指导、识别保护和安全性的政策，能更好地让学生在网络2.0时代成为负责任的使用者（和生产者）。
>
> ——詹妮弗·詹森（Jennifer Jensen）等，2011年皮尔学区报告

最终，成功实施的一个必要因素是家长的参与。没有家长的同意、理解和明确支持，随处可见的数字项目就不能充分地发挥作用。家长需要理解科技如何被用来提升学习。获得家长的同意和支持是学校和系统领导的一个新任务。实际上，发展公众对新教育学模型

---

① Jensen et al 2011

的整体支持应该成为科技支持的一部分。我们在皮尔学区家长调查中看到一个例子，反映了家长对项目的偏好——更多的教师专业学习，公平的使用，无线网络（Wi-Fi）和更多的家长交流。在密歇根州波林·罗伯茨（Pauline Roberts）的学校，他们每个月举办家长科技夜，在那里向家长们介绍应用，例如推特（Twitter），并展示它如何为学习目标服务。这样的项目能把家长融入学习过程中，让他们成为新学习经历的利益相关者和伙伴。

我们在这章描述的新变革领导力代表了一个巨大挑战，但是有迹象显示，人们对它既有所畏惧又充满兴趣。传统学校壁垒被打破，学习的新力量就自然而然地爆发了。我们也发现越来越多的领导者——同学生、教师和管理者一样——开始认识并接受学习上新的可能性。现在，在这种动态发展的开始阶段，对于未来的方向和内容都有着巨大的模糊性和不确定性。在剧变时期这是正常的。令人欣慰的是，正在发生改变的事情明确表明了一种可能性：关键的新学习实践正在大面积出现。这也是新发展演变成为新常态的一个好机会。任何层次的领导者都没有像现在这样更能起到关键作用，对那些想要有所作为的领导们而言，最好的消息就是现在正是去发挥巨大影响的机遇。

第七章　新系统经济

孩子们人手一个数码设备只是时间问题而已。我们只不过现在还没有达到那种程度罢了。这只是资源模型的一个变革……在正确的方法下，它能提升学习质量。无法在正确条件下使用的科技只不过是浪费钱罢了。

——丹·巴克利(Dan Buckley)，英国康沃尔社区学校副校长本书主要聚焦在清晰准确地说明什么是新教育学，它们怎样达到深度学习和学校如何做才能推动它们上。在这章中，我们来探讨教育政策和系统问题，关于新模型整体的投入和产出。我们将看到当学生和教师合作开始重新定义教学实践，并运用科技来支持这些新实践时，学习成果将被大幅度提升。我们也将对新教育学的经济性进行初步探讨，确保新模型能够产出更为相关的学习成果，并在教育系统经济条件允许的情况下达到目标。我们明确的目标为教育领导者和政策制定者提供了一个新教育学经济学模型的可信论证，也包括支持它的最初数据和观点。

新教育学经济性——同时考虑到成本和产出——还不能称为是一门科学。然而，在这部分我们收集了令人兴奋的证据来说明与现有系统相关的事实。通过调查新教育学有效实施所需要的能力和政策，教育系统有潜力在同样的成本下达到两倍的学习成效。专门的以能力建设为目标的努力可以发展教师的教学能力，并为学生提供普遍的数字资源。通过这些独立的变革，我们的教育模型能够重新让学生和教师高度投入到学习中，我们的学校也能够达成让学生为新时期生活和工作做好准备的任务。

新型学习成果

首先，让我们证明新教育学能够带来显著高效的学习产出。证据首先来源于第二章中提到的“高产出”策略对学习的影响最高的元分析。在约翰·海蒂（John Hattie）的分析和教育捐赠基金会

(Education Endowment Foundation，简称 EEF)[①]的教与学工具中，新教育学核心策略对学习产出有更高的效应量和更主要的影响，如表7—1。

表 7—1　新教育学平均有效值

教与学策略	海蒂的学习效应量	EEF 教学工具平均影响
提供格式化的评估	0.90	不包括
反馈	0.75	+8 个月
元认知策略(自我管理)	0.69	+8 个月
伙伴辅导	0.55	+6 个月
平均效应量/平均影响	0.72	+7.3 个月

所以，新教育学策略“平均影响”在学生进步月数上超过平均水平[②]，超过了 7 个月[③]。这样高产出的教学策略在同样的投资下每年有更显著的学习成果。学生在学校学习课程的过程中，数量上的影

① http://educationendowmentfoundation.org.uk/toolkit/

② 在海蒂的工作中，所有 150 个教学策略的平均有效值是 0.40，也就是学生每年学习上的进步是 0.40。所以，平均来说，学生学习大概 2.5 年会翻一番。0.4是一年改变的合理估计。新教育学的有效值是 0.72，几乎是每年学习数量的两倍。

③ 这些评价是基于策略在传统教学产出上的影响：知识内容掌握和基本技能。

响是巨大的。

就像我们在文章中表明的那样，新教育学并不仅是单独地运用某种教学策略。它们要求学生和教师一起探索教与学，学生在教师的帮助下定义和进行相关的深度学习任务，在现实世界中创造并运用新知识。在这个过程中，教师和学生不断地监控学习过程，分析最有效的学习方法，然后重新定义或改变策略来找到最佳方案。当上述教学策略能够充分由科技所提供的三个条件所提升和加速的时候，学习成果上快速增长的潜力也会增强：(1) 使知识内容普遍可及；(2) 创造和运用新知识的工具和资源；(3) 对学习过程和学生进步的深刻理解。大部分学校、系统和教育科技提供者都处于利用科技提升学习产出的初始阶段。科技的普及，也就是每个学生都有一个设备（简称“一对一”），在世界上仍是罕见的。

下图 7－1 来源欧洲校园网（European SchoolNet）①，说明了欧盟国家 2011 到 2012 年间 4 年级和 8 年级学生在“一对一”班级的比例。只有西班牙、挪威和瑞典 8 年级学生“一对一”的比例接近于 25%（虽然我们缺乏有关这项实践质量方面的信息）。

① European SchoolNet 2013

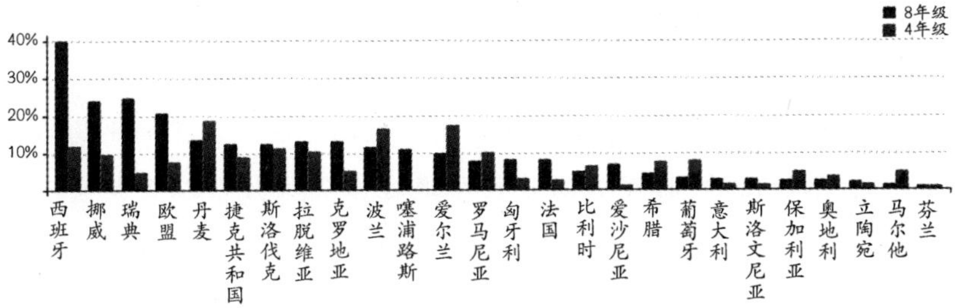

图 7—1　大部分国家科技的低运用率

在能够整合新教育学的核心要素并朝正确方向来有效运用的地方，整个系统的成效是惊人的。拉丁美洲和西班牙的丰坦学校（Fontan School）里（1 万名学生），加利福尼亚州高科技学校（High Tech High，以下简称 HTH）系统中（5000 名学生）以及北卡罗莱纳州穆尔斯维尔分级学区（Mooresville Graded School District）（5600 名学生），都表明这些模型可以被运用，能够在正常或更低的资源水平下获得显著提高学习的产出。HTH 系统①的成果说明了一切：

• 98%的 HTH 毕业生上了大学（美国整体水平是 68%），大约 75%参加的是四年项目，如约翰霍普金斯大学（Johns Hopkins University），马萨诸塞州科技学院（Massachusetts Institute of Technology）和斯坦福大学（Stanford University）。

① 详见：www.youtube.com/watch? v=qSzkwceFKHc

· 超过 30%的 HTH 男毕业生进入了数学或科学领域(全国平均水平是 17%)。

· HTH 非洲裔美国学生在考试成绩上比地区和全国的平均水平大幅领先,参加化学、物理和高级数学通过率(100%);以及大学入学率(100%)。

· 通过学术实习项目,HTH 学生在 300 多个社区商店和机构完成了超过 1000 个实习工作。

HTH 的成果是在有很多少数民族学生并且平均生均花费约每年 6000 美元的条件下达到的。 这显著低于美国公立学校每年平均生均支出的 11831 美元[①]。 采用丰坦关系教育模型(Fontan Relational Education)的哥伦比亚公立学校,在两到三年的时间里各个学科从不及格或中等到优秀全部通过了国家统一考试。 哥伦比亚的国家辍学率是 30%,在丰坦学校里则是 0.7%。 在他们达到这个百分比的同时,学生对必修课程的完成率加速了 10%,并与其他公立学校每个学生的花费相同。 这样学习的加速让教育者开始与学生合作,整合学习目标与学生的志向和兴趣,而不是限制在标准课程的传授范围内。 北卡罗莱纳州的穆尔斯维尔分级学区虽然是州内生均投入最少的地区之一,却取得了毕业率第三和分数第二的成绩——其综合成绩分数从 2007~2008 年的 73%提高到 2011~2012 年的 89%。 最令人兴奋的是,穆尔斯维尔的这些成绩是由传统意义上处于社会劣势

① New York Times 2013; Gallup 2013c

水平的学生来取得的，例如那些有特殊需求的学生、英语语言学习者以及少数民族的学生。在这三个系统中，每个学生都有自己的数字设备，其焦点首先集中于通过新教育学学习，然后是运用科技策略建立学习伙伴，让学生有完成深度学习任务的能力，并加速学习过程。安大略省的梅纳庄园学校——一个大系统中的普通公立学校——通过整合教育学、科技和变革知识实现了学生写作能力从42% 到 83%的大幅提升。

但整个画面还不够完整。学习成果的大幅提升不能仅靠传统的成绩评价模式来检验。之前讨论过，新教育学在深度学习上的影响还没有在上述提到的教育系统中进行全面评价。我们还不知道新教育学对于在实际生活中创造运用新知识的深度学习能力的影响。一些早期对深度学习的研究表明，当学习是明确地为培养深度学习能力而设计时，学生确实能够发展这些能力。微软的“创新教与学”研究项目（Innovative Teaching and Learning，以下简称为 ITL）① 是极少数系统研究和评价学生“21 世纪技能”发展的项目之一。在2010～2011 年，ITL 研究团队在 7 个国家中收集了教师教学活动和学生的作业。研究团队编码了这些评分标准，用以准确定义技能水平，包括问题解决、知识构建和自我管理。较高的评分给予那些需要较高技能才能完成或展示出较高技能的活动和学生作业。下面的图 7－2 记录了 967 个教学活动和 3367 个学生作业的分析结果。

① ITL Research 2011

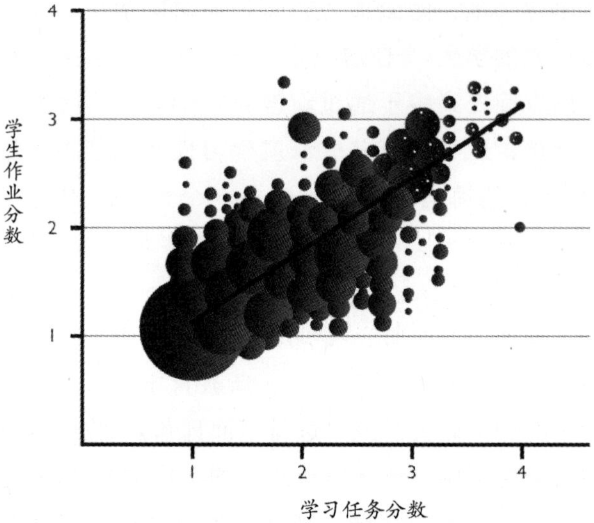

图 7—2　学习活动分数与学生作业分数相关

（资料来源：ITL Research，2011，以斯坦福研究院的分析为基础）

学习活动分数与学生作业的分数表现为明显的正相关。当学习任务有意识地设计为发展技能（学习活动分数为 3 分或 4 分）服务时，学生作业显示学生正是在发展这些技能。然而，我们看到，很少有例子能够在教学活动和作业水平上达到 3 分或 4 分。ITL 的报告总结到：

我们的发现显而易见的：一个精心设计的学习活动能够强有力地预测出学生在作业中表现出的技能。我们发现学习活动分数和对应

的学生作业分数存在非常紧密的联系。这表明，如果学生参与的课程活动要求他们展示 21 世纪技能的话，学生更有可能性培养并展示那些技能。

我们想澄清的是，我们主张的并不是泛义上的深度学习技能，比如在脱离知识领域情形下的教“合作”或“知识构建”。我们的意思是，当学习过程被设计为以创造和运用新知识为目的掌握知识时，学生的知识和深度学习技能同时都会发展。你不是通过抽象的谈论合作而发展合作技能；你是要通过要求知识内容的实质问题上的合作来发展这项技能。海蒂的研究表明，不通过真实环境来发展深度学习技能是行不通的。当越来越多的深度学习的措施被开发和实施时，我们会有更多的技能和掌握知识的结合是如何影响产出的证据。

所以新教育学有潜力提供一个传递新型学习成果的新教育模型。但是如果这些教育学没有被有效实施，那么产生的作用将非常有限。在第五章中我们描述了高效和低效的新教育学的对比，在第六章中我们讨论了运用新教育学在学校和系统中有效实施的文化和能力条件。这里，我们要转向需要投资这个重要问题上。

普遍科技的成本平衡

随着设备价格的下降，为系统中的每个教师和学生每天提供普遍可及的科技的实际成本在下降，更高质量的学习资源都可以在网上获得，教师和学生的日常生活也都自然而然地变得更加复杂数码化。科技本身最终不会成为主要的成本。我们同意穆尔斯维尔学区主管马克·爱德华兹（Mark Edwards）的观点，“……资助数字转变主要是在于给予优先权和重新配给资金，而不是筹集新资金或更多的资金[①]”。我们运用“普遍的科技”一词意味着一对一，即学校内外的每位孩子都有一个互联网连接设备。在普及的科技下有许多重要的次级分类：设备、基础设施、互联网连接、内容和学习应用、学生信息系统、科技培训（与为获得教学能力而进行的全面专业学习是分离的），以及科技维护与支持。我们的论点明确表明“在同等或更少资金下获得两倍学习效果”的可能性。在上文中，我们已经描述了新教育学如何能够达到两倍学习效果的潜力。所以现在的问题是，考虑在现有教育系统的财政实际情况下提供普遍可及科技的具体成本方案是否可行。

我们这里提供的成本模型是以美国的最新科技成本为参照。模型中的成本，假设和比率会随着国家和地区而改变，但模型总体能为政策制定者在考虑到整体投资时提供一个有用的工具。基于现有设备成本的分析和科技供应商、学校地区科技管理人的讨论，我们完善了成本和节约模型[②]。下表7－2左侧是为每个学生提供普遍科技的分类成本，用每个学生每年的成本来计。它包括基础设施和保障科技正常运行支持（但不是与新教育学有效实施相关的成本）。

---

① Edwards 2013

② 我们要对加拿大安大略皮尔学区董事会CIO马克·基廷（Mark Keating）和美国华盛顿联邦学区总管罗伯·尼（Rob Neu）接受访谈并对估计确认表示感谢。

右侧是成本节约和潜在节约的主要分类。在表格下面是对成本和节约分类的描述，解释了每个数量背后的假设。

表 7—2 提供普遍科技成本平衡财务模型

成本类（每生每年）	数额（美元）
设备	85.00
基础设施	25.00
互联网接入	30.00
内容和学习应用	40.00
维护和支持	35.00
科技培训	5.00
总成本	220.00

成本节约的抵消类（每生每年）	数额（美元）
BYOD/家长贡献	50.00
复印减少	50.00
设备重新配置	30.00
在线教师专业发展节约	10.00
减少旅行/邮寄/电话	10.00
减少课本	70.00
总节约/抵消	220.00

这个模型说明，提供普遍科技的成本大幅降低。当科技策略性实施时，抵消和节约能够与总体成本保持平衡。如果运用最新的价格和假设的话，总成本还要比两三年前少得多。上表也说明了教育系统能够在不增加花费的前提下实施普遍数字工具。在这个交易中，我们已经看到，我们还会得到好得多的学习结果。

成本类别

·设备

购置科技设备是最大的成本分类。估计的每个设备为 85 美元，假定三年为一个设备的使用寿命周期。目前平板电脑价格大约 250 美元，学生笔记本电脑的价格与此类似。我们开始看到平板电脑的价格最低可以达到 200 美元。这个开支也能包含购置或租赁设备的费用，近来这已成为一个选择（这样整体科技转型的这部分可以被当作是一种服务成本而不是资本开销）。好消息是，当在学区、州或全国范围内来大量购置或租赁设备时，成本将被降得更低，并且很有可能将持续走低。

·技术基础设施

为了使设备成为有用的学习工具，它们必须与学校和教育系统的协同工作平台、学习管理系统、学生信息系统、知识管理系统、学生档案，乃至隐私和安全管理整合到一起。这些基础设施平台曾经是依靠传统本地服务器的管理方式，大量的资本支出和信息技术人员支持。如今，这些成本可以转移到云服务器上，这更容易实施、管理并整合到教室中。基础设施成本也变成运行支出而不是资本开销项目。考虑到政策所要求的因涉及隐私而须本地储存的学生信息，本地和云服务的混合模式对于世界上某些地方来说也许是更好的选择。

· **互联网接入**

这个成本类别包括学校内的高速互联网以及无线网络（Wi-Fi）。这两者是以发挥科技潜力来传递高质量学习资源和节约成本的必要“水暖管道”。至于设备，当接口价格在大范围内进行议价时，教育系统能够进一步减少这一类别的成本。互联网的接口价格因国家和地点的不同会有所差别，这是一类国家提供项目可以缩减的成本类别（例如美国的 eRate 项目）。学生家庭互联网接入并不包括在内。然而，允许学生在家里有网可用应该是政府层面的政策驱动点，以便确保学生可以全天 24 小时对网上学习资源的平等使用。还需要注意的是，如果是第一次实施网络接入或者有额外接线的需求，那么提供接入的成本就会相对高些。

· **内容和应用**

从学习的角度来看，科技最有价值的一方面是互联网的接入提供了无限的学习资源和工具，从学科的具体材料，到现代组织中的创造与合作性工具，再到针对学习者个人兴趣和进程的游戏、个人化内容及模拟。这些资源在开放教育资源上都是可获得的，而教师和学生认为这些资源的质量与付费资源几乎平分秋色[①]。在很多案例中，和课程相关的高质量资源是值得投资的。这种投资会遇到数字内容众多的麻烦，但是成本却又因并行接入授权而降低。每个学校和系统都应该决定他们愿意在各类资源上的投资水平，然而如何投资策略应该作为整体成本设计的一部分。

·维护和支持

对此类投资不足并不是明智的选择。很多教育上的科技实施的失败都是因为缺少对设备维护、基础建设、接口和内容流畅度的足够支持。然而，也有方法可以优化投资，如组建学生科技小组来帮助维护和支持设备和系统，这被证明是加强和扩大设备支持的好方法，尤其是在学生被专业人员有效组织和训练并拥有在线资源支持的情况下。

·员工科技培训

我们把科技培训成本从更广的为了转换教与学的专业学习中分离出来。表格中的成本代表了单纯的科技培训。这样的培训是必要的，而且应该随着设备购置递增提供的。此外，教师们也越来越多地开始精通科技，需要在线能够提供的想法、例子和短期培训。

---

① Bliss et al 2013

同样，这也不是一个可以低投资的领域，但是这类投资的总成本正在大幅下降。

对于上述的每类成本，学区、州或省、国家政府补贴也能为单个学校应对成本支出提供帮助。

成本节约和抵消类

· BYOD **或家长贡献**

教育系统通过各种方式让普遍科技成为可能，如允许学生在学习过程中带他们自己的设备，提供接入学习资源的网络接口，并要求家长做出贡献等。平等的问题——在讨论中确保全体学生有相同的或类似的接入设备是至关重要的。根据家庭收入的可变性定价是应对这个问题的一个方法，这在葡萄牙麦哲伦计划（Magellan Initiative）中被全国性地采用。为那些没有自己设备的学生提供配套设备是教育系统针对平等问题的另一种方法。两种方法都能显著减少教育系统的设备成本，也能提高家庭对项目的心理投资。然而，在我们的模型中，即使无法实现 BYOD，每个学生的总成本大概是 220 美元。其他筹资途径还可以通过在不动产税中增加科技税来实现。

· **减少打印**

在大多数学校，打印、复印和纸质材料是一项可观的费用。学校里学生每天收到 3～5 份新文件，还有与家长沟通的文件，还有复印机的维护费，所以保守估计每个孩子每年的花费是 50 美元。即使是不能完全消除这些费用，普遍科技也能让这类成本大大减少，同时又能显著提高与所有利益相关者的交流水平。

- **设施再利用**

很多学校已经有电脑实验室或放置大量计算机的区域。当普遍科技开始实施，每个学生都有便携式设备，这些区域可以被重新规划，如教室或会议室，根据学校是否有额外的空间需求，这能够大量节约资本花费。然而，值得进一步讨论的是，新教育学是否能够从不同设备的不同空间布局中获得超过传统教室中的收益。设施设计的大规模变化当然将会产生额外的支出。（我们的观点是如果有新的设施当然好，但它并不是新教育学模型有效实施的必要条件。）

- **在线专业学习的节约**

传统专业发展通常包括工作室，这会产生每个教师的费用及参加的时间和交通成本。在第六章中描述过，新教育学嵌入式的专业学习在学校中不断地发展，能够支持在线的范例和合作，有减少专业学习总成本的潜力。在很多国家中，教师参加专业发展的旅行成本是非常可观的，所以基于在线支持的校内合作能够大幅减少此类花费。

· **旅行/邮寄/电话减少**

在线合作的实现让跨学区跨地区会议的旅行成本大大减少。在线交流也减少了家长和社区交流的总成本。由于家长能够在线获得，邮寄学生成绩或评价的花费就节省下来了。

· **课本减少**

当一个学校或系统决定对普遍科技进行投资，它对学习材料和资源的投资替代了课本购置（这项花费转到数字学习资源下）。美国高中学校每本课本的平均价格为 80 美元，所以对这项节约的测算还是保守的。

这个模型表明，即使涵盖所有使用普遍科技有效实施的支出，投资也能够被其他方面的花费节省抵消。虽然因国家和地区的不同，具体的数额也不同，但这个模型可以被系统领导者用来权衡在自己的环境下运用的情况。红项目（Project Red）对美国提供普遍科技的经济性进行了深入的全国性研究。他们的结论是：

“大量的证据表明科技有积极的财务影响。但是为了最好的结果，学校需要对学校的再设计进行投资，并不只是科技本身。教育科技的合理实施在各个水平上对税收都是有益的——国家、州和地方。根据红项目的被调查对象报告，科技能够减少成本并提升生产力——

科技实施的越完善，越能产生更多的积极影响[①]。”

这些发现强调了在购置之前，科技投资需要充分的、策略性的计划，正如我们在第六章中描述的那样。对于能够充分发掘其潜能的普遍科技，新教育学的核心组成部分和它们的实施条件都要在整合配套的策略下实施。

最后，在教育总经费下如何使“数字转换”投资成为可能呢?不管最终花费是否能够做到收支平衡，教育系统领导者都需要跟家长、社区和政策制定者讨论宏大的愿景。上述的成本模型表明每年每个学生普遍科技的总花费是220美元，或是比美国小学和中学水平每年每个学生平均花费的11831美元低2%。然而，美国在每个学生上的花费要大大高于大部分其他国家。经济合作与发展组织（OECD）国家每年每个学生的花费是8595美元。即使在这些在学生身上花费较少的国家里，普遍科技也是在可行性范围内的。明白了这一点后，墨西哥、葡萄牙和土耳其都开始着手为所有学生提供科技做出努力。当上述成本节约都被考虑在内，经济上的可行性让这在未来的几年即将成为现实。问题是，这些投资如何策略性地开展，科技如何被整合到新教育学的其他组成部分以及这个过程是否有条件支持而有效实施，直到新产出。

① Project Red 2013

整体系统配套

整个教育系统新教育学的传播和有效实施是依靠政策环境和系统杠杆，而不是某一所学校。在之前的工作中，迈克尔·巴伯爵士（Sir Michael Barber）、迈克尔·富兰和其他同事写过大量有关整体系统改革（whole－system reform）和变革领导力（change leadership）的文章[①]。在这些研究中，明确的原则和驱动力同样与构建新教育学的文化和能力相关。系统层面的目标重组、人力资源和职业发展策略、新评价和问责方法、合作网络体系、财务资源，以及每个人新角色的重新分配，都会带来变革过程中强大的系统杠杆。前面我们描述了整体系统变革的一个新概念——“内部变革”（inherent change），这指朝新教育学变革的容易程度和速度——或者在适当条件下的“积极蔓延”（positive contagion）。但是，正如新教育学目前有高效或低效的不同版本，朝着新教育学方向的整个系统变革也有强弱之分。让我们明确一下：在与教师、学校领导、教育系统影响者和政策制定者的讨论中，大部分人都相信系统因素是变革最大的阻碍。

整体系统的有效重组的核心应以深度学习为起点。在很多案例中，如果不是全部的话，我们看到新教育学的传播并没有与正式课程、评价和问责结构相结合。这让教师和学生偏离了系统的目标。

---

① Fullan 2010；Fullan 2011；Barber，Rizvi and Donnelly 2012

系统变成了创新的障碍。而在那些有效实施新教育学的系统中，所有的条件都重新组合来大力支持变革。这些系统中的领导者投资了正确的驱动力——明确的愿景和对深度学习的聚焦，然后是合作性学习文化、教学能力建设、普遍可及的科技，以及其他促进条件。这些因素的组合是最强的版本——这使内在变革成为有机且自然。但是这个讨论也揭示了，在这些案例中，实际上还有很多藏于表面之下的工作。

这些系统中的教育政策制定者采取不同的方法，不同的国家变革以不同的方式显现。在澳大利亚塔斯马尼亚岛，通过专业学习的催化，系统条件允许了新教育学的快速传播。领导者通过一个全国范围内的 21CLD 项目帮助所有教师搭建通往新教育学的桥梁：

> 对我来说非常清楚的是，学校里我的工作更有牵引力，最重要的投资是有时间支持围绕新教育学的专业发展和能力构建。围绕这一点的想法和工作比任何事情都重要。
>
> ——马克斯·多米（Max Drummy），澳大利亚塔斯马尼亚岛教育部职业学习领导

在其他案例中，整个教育模型已经或正在被重新构建来支持系统范围内新教育学的传播。在高科技学校，丰坦学校和皮尔学区，系统层级框架、政策和项目都与新学习伙伴、深度学习任务和科技运用相协调，从而允许和促进了深度学习。

当我们谈论新经济性时，我们要提及在“极富空间”被发现并挖

掘后，至今最大的新资源是学生和教师的学习时间如何被深度地解放和重新聚焦在更好更深的学习中——并不仅在学校内的而是全天候的学习。最大的浪费是花费在无聊和疏远上的每小时、每天、每年、每十年。如果时间就是金钱，我们将有机会成为学习上的亿万富翁。

动员整个系统朝新教育学方向发展并不是一个小举措。它需要应对我们时代的基本挑战和教育系统的新潜力。我们强烈要求领导者和教育系统不要独自着手解决这些问题。合作性学校、州或国家的学校网络正在很多国家陆续出现，例如我们所在的“实现深度学习的新教育学全球合作项目”（New Pedagogies for Deep Learning global partnership，详见第一章）。好消息是，这个模型的内在系统动力是十分强劲的，其实我们觉得是势不可挡的。明智的领导者以优势条件作为杠杆。也许没有什么比每个人——从学生到教师到领导者和整个社区——都在从事更有价值的工作更好的事情了！最好的消息是我们能够从这些实践中以合理的成本获得极大的收益——形象地讲，事半功倍。

第八章　展望未来

三种力量——新教育学、新型变革领导力、新系统经济——在更广的社会、经济、科技和组织环境下汇聚，代表了一个世纪以来对改革最有利的环境。时机已经成熟，我们要抓住这一个时代才有一次的机会，整个教育系统的变革已经唾手可得。

很多国家都面临14%至高于50%不等的青年人失业率，同时也面临收入差距在不断扩大的问题，现在展望一个美好的未来似乎是荒诞无稽的，然而这恰恰正是我们应该去做的。新型学习，就像我们描述的那样，正代表了解决问题的最佳方法。世界上的教育系统模型和实践都在进行变革。变革多快能够实现，以及它们是否能够带来学习成果的切实提高，且能否不断让学生和社会受益于这种改善，这都还有待考察。这本书旨在厘清教育的新视角和新模型。本书提供了新模型核心要素的例子和思路，也说明了它们能够在整个教育系统有效实施。我们在这里提供了初期的证据，我们也看到学生、教师以及相关人员对此的激情。这些都表明了新教育学有着巨大的潜力来实现深度学习。

教师和学生之间的学习伙伴是新教育学生效的必要基础。当数字使用为学生提供了更广泛、更丰富的知识内容时，这种伙伴关系自然而然就产生了。当无聊的学生和疏离的教师开始寻求新的方向时，新教育学自然就吸引了他们。学生开始参与设定学习目标，把学习与他们的兴趣和志向联系起来，成为更积极的观察者来指导和促进他们自己和同伴的学习。深度学习任务建立在学习伙伴的基础上。这需要学生们去建构知识，并在现实世界中运用他们的想法。在这个过程中，他们发展了关键技能，并培养了有益于未来的坚韧、毅力、积极态度的“知识工作”经验。

为了扩大新教育学在学习上的持续的、广泛实践的、可估量的影响，我们必须进一步发展和提炼实践中新教育学的定义和它们对教师、学生、领导和政策制定者的启示。教育系统并不会因为只有一部分人的行动而改变。当一些人不满足于现有的说辞时，他们开始采取行动，也许刚开始是独立的行动，然后他们的行动就开始汇聚，这样变革的星火就被点燃了。我们都是下一阶段改革的一分子——每一个人的承诺都是基础，就像我们在 19 世纪公立学校出现时看到的那样。我们现在在学习改革的初始阶段，这一阶段将会具体定义未来公民的特点，他们应该是有能力在一个在复杂世界里既具备知识又能采取行动并推动生产力的人。

每个人都应该按照自己的行动清单来执行。我们这里指出每个角色的开始方向：

学生

· 在同学、教师和社团中识别学习伙伴和指导者，并确认他们了解自己的志向和兴趣。

· 反映自己的学习进步，寻求可信学习伙伴的反馈，也作为他们的信息反馈者；参与到伙伴的教与学中。

· 开始设定自己的学习目标，把学习与自己的志向和兴趣联系起来，努力达成这些目标。

· 在追求深度学习的过程中督促教师和同学成为学习伙伴。

教师

· 与学生一起，向他们学习并实践成为他们的学习伙伴。

· 确保自己了解学生的志向和兴趣。

· 识别在学校中或社区里的深度学习任务。

· 与学生一起重新设定学习任务，为知识构建、问题解决、在现实中的启示以及连接学生的志向提供更多的机会。

· 与其他教师和利益相关者合作，发现让学生参与学习和进步的方法。

· 促进自己的同事和校长都朝着联系深度学习的新教育学方向而努力。

学校领导

· 与教师们一起，向教师学习并实践成为他们的学习伙伴。

· 识别学校中的深度学习任务；与教师分享、分析这些任务，聚焦于学生的融入程度和取得的结果。

· 发展与学生、教师、家长、其他学校领导和教育系统领导的合作，聚焦于定义、发展和实践达到深度学习任务的想法。

· 定义和发展评价学生、教师和学校达到深度学习目标和实践新教育学的成功标准。

· 与其他学校和地区一起，为创造覆盖教育系统的新教育学和深度学习而努力。

政策制定者

· 把培养教师教学能力作为所有政策的中心。

· 定义并发展评价学生、教师及学校实现深度学习目标和实践新教育学的成功标准；确保新系统评价方法在各个层面上都是支持学习进步的。

· 以深度学习和新教育学作为驱动，发展和支持整体的数码使用项目。

· 减少消极的责任制，围绕新教育学建设有关深度学习的教学能力。

以上这些行动开始点需要被持续地研究，并不断通过实践来完善。我们必须思考并研究各个层面的学习伙伴关系是如何培养即将发生的普遍而内在的变革的。我们必须发展一个完整的方法来定义和评价具有不同导向的教育系统的成功。这样的评价方法应该让评价朝着评价深度学习的关键要素而转型并发展：掌控学习过程，知识构建，以及我们已经描述的积极地“做”的倾向。我们必须终止那种学习掌握课程知识只为了准备考试而不是为了学生的行为。

我们的教育政策和教育经济必须重组。教师的教学能力能够有效进行新教育学的实践，从而产生深度学习成果，这种能力构建应该成为教育政策的新焦点。这种能力是新模型有效性的关键。我们已经说明，财政限制不应该成为延迟科技在学校应用的借口。现有水平的资金就能够提供普遍存在的数字工具和资源：这更是一个政策问题，而不是经济问题。

历史向我们展示了我们能够想象什么，我们就能够做到什么。为了更加有效和持续地运用在这书中描述的学习模型，我们要动员整个系统合作起来共同学习。三种力量——新教育学、新型变革领导力、新系统经济——在更广的社会、经济、科技和组织环境下汇聚，代表了一个世纪以来对改革最有利的环境。时机已经成熟，我们要抓住这一个时代才有一次的机会，整个教育系统的变革已经唾手可得。

最终的目标是独立的学习者，他们有能力、倾向和经验来最大地利用数字接入打开这个世界里不计其数的信息、想法、创造力和链接。青少年和成年人一样，有着本能的学习和创作欲望。新教育学可以释放这些欲望。但是我们要知道，这种释放并不是无序的。学校和教育学要激发，同时确保每个学生有独立学习的能力，能够在现实世界开展有目的的行动。而且，他们不仅有理论基础，还应有实践经验和科学技术来为他们自己和社会创造有价值的未来。

新教育学有希望使学校驶出学生和教师无趣和疏离的困境——这无疑是巨大的浪费，有太多需要我们去学习。下一个十年将是自150 年前工厂型学校创办以来最具改革潜力的十年。想象一下学生和教师都迫不及待去学习的未来——实际上学校从未离他们远去，因为他们一直在学习中。我们看到了这样的前景，我们在现实中察觉到了先机，我们也看到了其可能性。这是一个在不久的将来就要实现的未来，这会开启许多人学习的创造性，这是一个值得开拓的极富空间。

参考文献

Banchero, S. (2013). "Teacher Training's Low Grade", *Wall Street Journal*, June 18, 2013 http://online. wsj. com/article/SB10001424127887323836504578551904167354358.html? mod=WSJ__MIDDLENexttoWhatsNewsForth. Accessed June 18, 2013.

Barber, M. (1997). *The Learning Game: Arguments for an Education Revolution*. London: Gollancz.

Barber, M., Moffit, A., Kihn, P. (2010). *Deliverology 101: A Field Guide For Educational Leaders*. London: Corwin.

Barber, M., Rizvi, S., & Donnelly, K. (2012). *Oceans of Innovation: The Atlantic, the Pacific, Global Leadership and the Future of Education*. New York: Penguin.

Barber, M., Donnelly, K., Rizvi, S. (2013). *An Avalanche is Coming: Higher Education and the evolution Ahead*. London: Institute for Public Policy Research.

Bliss, T.J., Robinson, T., Hilton, J., and Wiley, D. (2013). "An OER COUP: College Teacher and Student Perceptions of Open Educational Resources." *Journal of Interactive Media in Education*. Spring. Retrieved from: http://jime.open.ac.uk/2013/04

Bransford, J., Brown, A., and Cocking, R. Eds. (2000). *How People Learn: Brain, Mind, Experience and School*. Washington, DC: National Academy Press.

Brooks, D. (2012). *The Social Animal: The Hidden Sources of Love, Character and Achievement*. New York: Random House.

Cervone, B., Cushman, K. (2013). Teachers at Work: Six Exemplars of Everyday Practice. Retrieved from: http://www.studentsatthecenter.org/sites/scl.dl—dev.com/files/field_attach_file/Exec_Cervone%26Cushman_032312.pdf

Christensen, C., Horn, B., and Johnson, C. (2008). *Disrupting Class: How Disruptive Innovation Will Change the Way the World Learns*. New York: McGraw Hill.

Claxton, G. (2013). "School as an Epistemic Apprenticeship: The Case of Building Learning Power." 32nd Vernon—Wall Lecture. *The Education Section of the British Psychological Society*. Leiecester: The British Psychological Society.

Conley, D., Darling—Hammond, L. (2013). *Creating Systems of Assessment for Deeper Learning*.Stanford, CA: Stanford Center for Opportunity Policy in Education.

Cuban, L. (2013). *Inside the black box of classroom practice*. Cambridge, MA: Harvard Education Press.

Day, C., Sammons, P. , Leithwood, K., Hopkins, D., Gu, Q.,Brown,E., Ahtaridou,E.(2011).*Successful School Leadership: Linking with Learning*. London: Open University Press.

Dean, C. Hubbell, E., Pitler, H., Stone, B. (2012). Classroom Instruction that Works: research — based strategies for increasing student achievement. Boston: Pearson.

DeLorenzo, R., Battino, W., Schreiber, R., and Carrio, B. (2008). *Delivering on the Promise: The Education Revolution*. New York: Solution Tree.

Duckworth, A. (2013). "The key to success? Grit." TED: Ideas Worth Spreading. Retrieved from:http://www.ted.com/talks/angela_lee_duckworth_the_key_to_success_grit.html

Dumont, H, Istace, D, and Benavides, F., eds. (2010). *The Nature of Learning: Using Research to Inspire Practice*. Paris: OECD Publishing.

Dweck,Carol.(2005). "How Can Teachers Develop Students' Motivation — and Success?" Interview by Gary Hopkins in *Education World*. Retrieved from: http://www.educationworld.com/a_issues/chat/chat010.shtml

Economist. (2013a). "Towards the End of Poverty." *The Economist*. June 1, 2013. Retrieved from: http://www.economist.com/news/leaders/21578665—nearly—1—billion—people—have—been—taken—out—extreme—poverty—20—years—world—should—aim

Economist. (2013b). "Catching on at last." Briefing on Education Technology. *The Economist*.June 29th, 2013.

Edwards, M.A. (2013). *Every Child, Every Day: A Digital Conversion Model for Student Achievement*. Upper Saddle River, New Jersey: Pearson.

European School Net. (2013). "One laptop per child in Europe: how near are we?" *Observatory*. Briefing Papers, Issue No. 2, May 2013.

Fukkink, R., Tavecchio, L. (2010). "Effects of Video Interaction Guidance on Early Childhood Teachers." *Teaching and Teacher Education: An International Journal of Research and Studies*. 2010—Nov. Elsevier.

Fullan, M. (2010). *All Systems Go: The Change Imperative for Whole System Reform*.Thousand Oaks: Corwin.

Fullan, M. (2011). *Choosing the Wrong Drivers for Whole System Reform*. Centre for Strategic Education, Seminar Series 204.

Fullan, M. (2013a). *Great to Excellent: Launching the Next Stage of Ontario's Education Agenda*.Retrieved from: http://www.edu.gov.on.ca/eng/document/reports/FullanReport_EN_07.pdf

Fullan, M. (2013b). *Stratosphere: Integrating Technology, Pedagogy, and Change Knowledge*. Toronto: Pearson.

Fullan, M. (2014). *The Principal: Three Keys to Maximizing Impact*. San Francisco: Jossey—Bass.

Fullan, M., Donnelly, K. (2013) *Alive in the swamp: Assessing digital innovations*. London: Nesta; Oakland, CA.: New schools venture funds.

Fullan, M., Langworthy, M. (2013) Towards a New End: New Pedagogies for Deep Learning. Retrieved from http://www.newpedagogies.org/

Gallup. (2013a). "21st Century Skills and the Workplace: a 2013 Microsoft—Pearson Foundation Study on 21st Century Skills and the Workplace." Retrieved from: http://thegallupblog.gallup.com/2013/05/what—works—in—schools—is—real—work_30.html

Gallup. (2013b). "Kids Offer to Save Economy; America Says No Thanks." *The Gallup Blog*. October 1, 2013. Retrieved from: http://thegallupblog.gallup.com/2013/10/kids—offer—to—save—economy—america—says.html

Gallup. (2013c). "GPA, SAT, ACT…RIP" The Gallup Blog, July 9, 2013. Retrieved from: http://thegallupblog.gallup.com/2013/07/gpa—sat—actrip.htm

Groff, J. and Mouza, C. (2008). "A Framework for Addressing Challenges to Classroom Technology Use." *Association for the Ad-*

vancement of Computing in Education Journal, 16,1, 2008.

Hargreaves, A., Fullan, M. (2012). *Professional Capital: Transforming Teaching in Every School*.New York: Teachers College Press, and Toronto: Ontario Principles' Council.

Hattie. J. (2009). *Visible Learning: A Synthesis of over 800 Meta—Analyses Relating to Achievement*. London: Routledge.

Hattie, J. (2012). *Visible Learning for Teachers: Maximizing Impact on Learning*. New York: Routledge.

Hewlett Foundation. (2012). Deeper Learning: Strategic Plan Summary. The William and Flora Hewlett Foundation. Retrieved from http://www.hewlett.org/uploads/documents/EducationProgram_Deeper_Learning_Strategy.pdf

Higgins, S., Xiao, Z. and Katsipataki, M. (2012) 'The Impact of Digital Technology on Learning: A Summary for the Education Endowment Foundation.' Durham: Durham University.

International Telecommunication Union. (2013). ITU World Telecommunication /ICT Indicators database. Geneva, Switzerland. Retrieved from: http://www.itu.int/en/ITU—D/Statistics/Documents/facts/ICTFactsFigures2013.pdf

ITL Research. (2011). *Innovative Teaching and Learning Research: 2011 Findings and Implications*. Retrieved from http://www.itlresearch.com/research—a—reports/2011—itl—research—findings

Jenkins, L. (2013). *Permission to Forget*. 10th edition. Milwaukee: WI: American Society for Quality Press.

Jensen, J., Taylor, N., Fisher, S. (2011). Decisions and Directions: Review and Report of Educational Technology Implementation and Use in the Peel District School Board. Ontario, Canada. Shared by permission of the Peel School Board.

Kay, K., Greenhill, V. (2013). *The Leaders' Guide to 21st Century Education: 7 Steps for Schools and Districts*. Boston: Pearson.

Kirschner, P. and van Merrienboer, J. (2013). Do learners really know best? Urban legends in education. *Education Psychologist*. Vol. 83, No. 3, pp. 169—183.

Laurillard, D. (2012). *Teaching as Design Science*. London: Routledge.

Levin, H. (2011). "The Utility and Need for Incorporating Non—Cognitive Skills into Large Scale Educational Assessments." Presented at ETS Invitational Conference on International Large—Scale Assessment and to be published by Educational Testing Service. May 2011 Revised.

Logez, K. (2013). "What Makes a NEET?" OECD's *Education Today*. Retrieved from: http://oecdeducationtoday.blogspot.fr/2013/05/what—makes—neet.html

Lonka, K. & Ketonen, E. (2012). How to make a lecture course an engaging learning experience? *Studies for the Learning Society*, 2, 63—

74. http://versita. metapress. com/content/6604263706320662/fulltext.pdf

Lorenz, E. (1972). "Predictability: Does the Flap of a Butterfly's Wings in Brazil Set Off a Tornado in Texas?" Presented before the American Association for the Advancement of Science, December 29, 1972. Retreived from: http://www.scribd.com/doc/130949814/Predictability—Does—the—Flap—of—a—Butterfly%E2%80%99s—Wings—in—Brazil—Set—Off—a—Tornado—in—Texas

Lovat, T., Dally, K., Clement, N., Toomey, R. (2011). Values Pedagogy and Teacher Education: Re—conceiving the Foundations. *Australian Journal of Teacher Education*. Vol 36, 7. Retrieved from: http://www.eric.ed.gov/PDFS/EJ936996.pdf

Luckin, R., Bligh, B., Munches, A., Ainsworth, S., Crook, C., & Noss, R. (2012). *Decoding Learning: The Proof, Promise and Potential of Digital Education*. London: Nesta. Retrieved from http://www.nesta.org.uk/library/documents/DecodingLearningReport_v12.pdf

Mehta, J., Schwartz, R. B., & Hess, F. M. (2012). *The Futures of School Reform*. Cambridge: Harvard Education Press.

Mehta, J. (2013a). *The Allure of Order: High Hopes, Dashed Expectations, and the Troubled Quest to Remake Schooling*. Troubled Quest to Remake American Schooling. New York: Oxford

University Press.

Mehta, J. (2013b). "From Bureaucracy to Profession: Remaking the Educational Sector for the Twenty—First Century." *Harvard Educational Review*. Vol. 83 No. 3 Fall 2013.

Milanovic, B. (2011). *Worlds Apart: Measuring International and Global Inequality*. New York: Princeton University Press.

Mourshed, M., Chinezi, C., and Barber, M. (2010). How the world's most improved schools systems keep getting better. London: McKinsey and Company.

Mourshed, M., Farrell, D., Barton, D. (2012). Education to Employment: Designing a System that Works. McKinsey. Retrieved from: http://mckinseyonsociety.com/topics/education/

Mulgan, G., Puttick, R. and Breakspear, S. (2013). "From Good Intentions to Real Impact: Rethinking the role of evidence in education businesses" London: Pearson.

Murphy, J., Hallenger, P., Heck, R. (2013). "Leading via Teacher Evaluation: The Case of the Missing Clothes?" *Educational Researcher*. Retrieved from: http://edr.sagepub.com/content/42/6/349

Murray, O., Olcese, N. (2011). "Teaching and Learning with Ipads, Ready or Not?" TechTrends.November/December 2011.

NCES. (2013). *The Condition of Education* 2013. US Department of Education. National Center for Education Statistics.

National Research Council. (2012). *Education for life and*

work: *Developing transferable knowledge and skills in the 21st century*. National Academies Press.

New York Times, Editorial Board. (2013). "The Trouble with Testing Mania." *The New York Times*, July 13, 2013. http://www.nytimes.com/2013/07/14/opinion/sunday/the—trouble—with—testing—mania.html? src=recg

Newport, C. (2012). *So good they can't ignore you*. New York: Business Plus.

OECD. (2012). *Education at a Glance* 2012: *OECD Indicators*. OECD Publishing.http://dx.doi.org/10.1787/eag—2012—en

Pedró, F. (2009). The new millennium learners: Challenging our views on ict and learning.Retrieved from http://www.oecd.org/edu/ceri/38358359.pdf

Picket, K., and Wilkinson, R. (2011). *The Spirit Level*: *Why Greater Equality Makes Societies Stronger*. Bloomsbury Press, 2nd Edition.

Pink, D. (2009). *Drive*: *the surprising truth about what motivates us*. New York: Penguin Books.

Pinker, S. (2011). The Better Angels of Our Nature: Why Violence Has Declined. New York:Penguin Books.

Project Red. (2013). *Project RED*: *The Research*. http://projectred.org/about/research—overview/findings.html# two

Quaglia Institute for Student Aspirations. (2013). "Youngstown City School District Impact Report Year One 2012—2013." Shared by permission.

Redecker, C., Johannessen, O. (2013). "Changing Assessment - Towards a New Assessment Paradigm Using ICT." *European Journal of Education*, Vol. 48, No.1, 2013.

Richardson, W. (2012). *Why School: How Education Must Change when Learning and Information are Everywhere*. Ted Conferences.

Richardson, W. (2013). "Students first, not stuff." *Educational Leadership*. V.70, No. 6, pp.10—14

Rincon — Gallardo, S., Elmore, R. (2012). "Transforming Teaching and Learning Through Social Movement in Mexican Public Middle Schools." Harvard Educational Review, Vol. 82, No. 4. Winter 2012.

Ripley, M. (2009) Transformational computer—based testing, in: F. Scheuermann & J. Bjornsson (Eds) The Transition to Computer—Based Assessment (Luxembourg: Office for Official Publications of the European Communities).

Robinson, K. (2009). *The Element: How Finding Your Passion Changes Everything*. New York: Penguin.

Robinson, K. (2013). *Finding Your Element: How to Discover Your Talents and Passions and Transform Your Life*. New York: Penguin.

Rogers, E. (1962). *Diffusion of Innovations*. New York: Free Press.

Shechtman, N., DeBarger, A., Dornsife, C., Rosier, S., and Yarnall, L. (2013). Promoting Grit, Tenacity, and Perseverance: Critical Factors for Success in the 21st Century. US Department of Education, Office of Educational Technology. Retreived from: http://www.ed.gov/edblogs/technology/files/2013/02/OET—Draft—Grit—Report—2—17—13.pdf

Shear, L. (2013). "Innovative Teaching and Learning (ITL) research: A global look at pedagogies for 21st century skills" ICTin Education. UNESCO Bankok. Retreived from: http://www.unescobkk.org/education/ict/online—resources/databases/ict—in—education—database/item/article/innovative—teaching—and—learning—itl—research—a—global—look—at—pedagogies—for—21st—century—skills/

Stephen, D., Goldberg, E. (2013). *Profile: High Tech High Network: Student—Centered Learning in Action*. Nellie Mae Education Foundation.

Stiglitz, J. (2012). *The Price of Inequality: How Today's Divided Society Endangers Our Future*. New York: WW Norton and Company.

Tough, P. (2012). *How children succeed: Grit, curiosity, and the hidden power of character*. New York: Houghton Mifflin Harcourt.

Wiliam, D., Black, P. (2005). *Inside the Black Box: v. 1: Raising Standards Through Classroom Assessment*. London: NFER Nelson.

Wiliam, D. (2010). "The role of formative assessment in effective learning environments." Chapter 6 in *The Nature of Learning: Using Research to Inspire Practice*. Paris: OECD Publishing.

Wallace, T.L., Bundick, M., Quaglia, R. (2013). "Applying a Mechanism — Based Framework to the Role of Student Voice in Student Development and School Improvement: A Theoretical Review."

Willms, D., Friesen, S., and Milton, P. (2009). *What did you do in School Today? Transforming classrooms through social, academic and intellectual engagement*. Toronto: Canadian Education Association.

YADC Year One Impact Report (2013). Quaglia Institute for Student Aspirations. Shared by the Authors.